AS PORTAS DO SONHO

Adélia Bezerra de Meneses

AS
PORTAS DO
SONHO

Ateliê Editorial

Copyright © 2002 Adélia Bezerra de Meneses

Direitos reservados e protegidos pela Lei 9.610 de 19.02.98.
É proibida a reprodução total ou parcial sem autorização, por escrito da editora.

ISBN   85-7480-096-1

Direitos reservados à

ATELIÊ EDITORIAL
Rua Manoel Pereira Leite, 15
06709-280 – Granja Viana – Cotia
São Paulo – SP – Brasil
Telefax: (11) 4612-9666
www.ateleie.com.br / atelie_editorial@uol.com.br
2002

Printed in Brazil
Foi feito depósito legal

A Juárez Bezerra de Meneses,
meu pai,
jurista, latinista e filólogo,
que me criou entre livros.

In Memoriam
28.5.1902

O respeito concedido aos sonhos na Antigüidade [contudo] baseia-se numa intuição psicológica correta e é a homenagem prestada às forças incontroladas e indestrutíveis existentes no espírito humano, ao poder "demoníaco" que produz o desejo onírico e que encontramos em ação no nosso inconsciente.

FREUD, Interpretação dos Sonhos.

Ao CNPq, pela bolsa de Pesquisa que me possibilitou a realização deste ensaio.
A Ulpiano Bezerra de Meneses, pelo empréstimo de livros.
A Pedro Bezerra de Meneses Bolle, pelas imprescindíveis ajudas de computador.

SUMÁRIO

1 SONHO E LITERATURA. MUNDO CLÁSSICO 13
    Os Sonhos e Prometeu 22
    As Portas de Chifre e de Marfim 27
    Artemidoro de Daldis 28

2 AS PORTAS DO SONHO 39

3 "OUVE E INTERPRETA-ME ESTE SONHO" 65
    Contextualização 71
    A Decodificação Simbólica 77
    Um Sonho de Angústia 90

4 "A SERPENTE SOU EU" 115

5 O RAMO QUE FLORESCE 151
    Os Sonhos de Clitemnestra 153
    A Imagem do Broto que Floresce 163
    O Cetro que Floresce: A Migração de um Topos 170

1

SONHO E LITERATURA

LITERATURA

Mundo Clássico

*Onde quer que um homem sonhe, profetize
ou poetize, outro se ergue para interpretar.*

PAUL RICOEUR

"Sonhador" e "poeta", na linguagem corrente, são às vezes sinônimos. É interessantíssimo debruçar-se um pouco sobre essa reveladora sinonímia popular, em que "sonhar" não tem a acepção de processo psíquico, nem mesmo o de "visão noturna", mas sim o significado de colocar em ação energias cognitivas do inconsciente, na projeção de algo que por vezes só na utopia encontraria guarida.

Vamos reter dessa aproximação entre os dois termos, inicialmente, a mesma recusa ao princípio de realidade com seu cortejo de opressões, o desrespeito às frias leis da lógica racional, o movimento impulsionado pelo Desejo[1]. Sonhador e poeta mergulham fundo nas águas da fantasia, avessos ao "princípio de desempenho"[2] que nos rege. Imaginação onírica e imaginação poética são reciprocamente aferidas – e, isso, desde o fundo dos tempos.

Sabemos que na Grécia as funções de adivinho, poeta e sábio muitas vezes se sobrepunham no mesmo poder mântico, na capacidade

---

1. Tanto o famoso "I have a dream" de Martin Luther King, como o dramático "The dream is over" de John Lennon (prenunciando o "fim das utopias" que é o cancro a espreitar as novas gerações), sonhar tem a ver com o desejo.
2. O termo é marcusiano.

excepcional de ver e de viver para além das aparências sensíveis. Nas palavras de Vernant, eles possuiriam "uma espécie de extra-sentido, que lhes descobre o acesso a um mundo normalmente interdito aos mortais"[3]. E desde longa tradição, não apenas os adivinhos são cegos, como por exemplo Tirésias, pois têm o dom de "ver o invisível", mas também os poetas, de Homero aos cantadores do Nordeste, passando por Camões. Cegos dos olhos do corpo, porque têm uma outra visão, normalmente interdita aos mortais.

Das duas maneiras de se abordar a realidade, o *mythos* e o *logos*, tanto a poesia como o sonho são do domínio do *mythos*. Poesia, sonho e adivinhação mergulham numa lógica da ambigüidade, abrigando a contradição, acionando insuspeitadas forças psíquicas.

Quando sonha, todo homem é poeta: utiliza os recursos da figurabilidade, a imagem sensível; estabelece analogias que não se impõem à primeira vista; vê o que Walter Benjamin chama de "semelhanças invisíveis"; utiliza a palavra como "coisa", atento ao significante; simboliza; não se dobra ao princípio de identidade impositor da lógica da não-contradição, que trava a percepção do real em toda a sua dinâmica riqueza; e sobretudo, poeta e sonhador, entrando em contato com o seu próprio inconsciente (tanto o pessoal como o filogenético), descortinam uma realidade que vai além dos limites da sua própria individualidade. Pois a possibilidade de estarem próximos das fontes inconscientes propicia-lhes um conhecimento que se poderia chamar de intuitivo no sentido etimológico: de *in* (dentro) + *tuor* (ver); um "ver dentro" que geralmente denominamos, colonizadamente, *insight*.

Mas não é só na acepção popular que poeta e sonhador se aproximam: na reflexão científica sobre os mecanismos dos sonhos, equipararam-se os processos fundamentais de elaboração onírica (definidos por Freud) aos da elaboração poética. Na esteira de Jakobson, Lacan aferiu a condensação à metáfora e o deslocamento à metonímia.

---

3. *Mito e Pensamento entre os Gregos*, Paz e Terra, 1990, p. 360.

É significativo que, no nível do próprio significante, a poesia e o mais fundamental processo de elaboração onírica, que é a condensação, mantenham em alemão um parentesco revelador: Poesia é *Dichtung* e condensação é *Verdichtung*. Daí a fecunda tirada de Pound: *Dichtung = Verdichtung* ("Poesia é condensação").

Tanto o sonho como a poesia, espaços de fantasia, operam sensorialmente. Aristóteles, que trabalhou esse tema tanto no tratado *Sobre a Alma* quanto no tratado *Sobre a Memória e a Reminiscência*, situa a questão da imaginação nos domínios da sensibilidade: a imaginação é um afeto (*pathos*) do sentido comum. Diz ele, literalmente, que a fantasia é "a faculdade em virtude da qual nós dizemos que uma imagem se produz em nós"[4]. E aponta uma relação, funda, entre imagem e pensamento: "... quando alguém pensa, o pensamento se acompanha necessariamente de uma imagem, pois as imagens são num sentido sensações, salvo serem imateriais" (tratado *Sobre a Alma*, III, 8-9). E ainda: "Não é possível pensar sem imagem" (tratado *Sobre a Memória e a Reminiscência*, 449b, 1)[5]. É extremamente significativo que no grego a palavra *idéia* venha do verbo ver (*horáo*), cujo aoristo é *eidon* (= eu vi). Ainda desse mesmo radical vem o verbo *eido* = ver, observar, representar-se, figurar.

Portanto, idéia é uma imagem mental; e não por acaso, no grego a palavra imaginação vem do mesmo radical de "luz", como aponta o próprio Aristóteles no tratado *Sobre a Alma*: "... a imaginação pode definir-se: um movimento produzido pela sensação em ato. E uma vez que a vista é o sentido por excelência, a imaginação (em gr. *phantasia*) tirou seu nome de 'luz' (em gr. *phaós*), pois sem luz é impossível ver-se" (*Sobre a Alma*, III, 429 a).

---

4. *Sobre a Alma*, III, 3, 428 a.
5. Cf. os capítulos "Memória e Ficção I" ("Aristóteles, Freud e a Memória") e "Memória: Matéria de Mimese" do meu livro *Do Poder da Palavra. Ensaios de Literatura e Psicanálise*, São Paulo, Duas Cidades, 1995, pp. 131 e ss.

CABEÇA DE HOMERO, SEGUNDO O TIPO HELENÍSTICO DO CEGO. SÉCULO II. a.C.
(BOSTON, MUSEUM OF FINE ARTS).

Sabemos que na Grécia as funções de adivinho, poeta e sábio muitas vezes se sobre-punham no mesmo poder mântico, na capacidade de ver e de viver para além das aparências sensíveis. [...] E desde longa tradição, não apenas os adivinhos são cegos, como por exemplo Tirésias, pois têm o dom de "ver o invisível", mas também os poe-tas, de Homero aos cantadores do Nordeste, passando por Camões. Cegos dos olhos do corpo, porque têm uma outra visão, normalmente interdita aos mortais.

É por isso que Hegel, leitor de Aristóteles, condensa numa fórmula aguda: "Poesia é o *luzir sensível* da Idéia".

Sintomaticamente, para os gregos, a fórmula canônica de alguém contar que teve um sonho é: "Eu vi um sonho". Aliás, sonhos e visões noturnas são praticamente sinônimos em todas as línguas.

Tanto na poesia como no sonho, a palavra é flagrada na sua materialidade, na sua corporeidade, *soma* e *sema*. Há um filão riquíssimo a ser garimpado, na esteira dos trabalhos de Freud sobre a *Interpretação dos Sonhos* e sobre o *Chiste* (sem falar nos trabalhos de Lacan), relativamente à linguagem poética, nesse denominador comum que ambos apresentam: a importância atribuída ao significante. Uma das causas da intraduzibilidade da poesia radica exatamente no fato de que, como dizia Mallarmé, a poesia não é feita de idéias, mas de palavras. Parodicamente, diríamos que o sonho não é feito de idéias, mas de imagens. Só que tanto as palavras encaradas como "coisas" quanto as imagens são reconduzidas, no processo de interpretação, a uma modalidade lógico-discursiva, no inescapável impulso interpretativo que sonho e poema em nós provocam: "Onde quer que um homem sonhe, profetize ou poetize, outro se ergue para interpretar", diz Ricoeur, depois de vincular todo *mythos* a um *logos* que, latente, exigiria ser manifestado.

Todos esses denominadores comuns entre o sonho e a literatura justificam que Jorge Luis Borges advogue a tese "perigosamente atraente" de que os sonhos constituem "o mais antigo e o não menos complexo dos gêneros literários". Pois bem, é assim que os vejo, emprestando aos sonhos incorporados em obras literárias, "sonhos inventados pela vigília", no dizer do mesmo Borges (que os contrapõe aos "sonhos inventados pelo sono"), o apanágio de um gênero literário, com características próprias e funções específicas no contexto em que se situam. Eles não são algo acrescentado, enfeite ou excrescência, mas participam da própria economia da narrativa em que se inserem, como é o caso do sonho de Penélope na *Odisséia*, dos sonhos de Clitemnestra na *Electra* de Sófocles, e em *As Coéforas* de Ésquilo etc.

Mas se da perspectiva da Teoria da Literatura o sonho pode ser abordado como um gênero literário, absolutamente não pode a isso ser restrito. Pois desde sempre, desde tempos imemoriais, ele foi objeto de outras considerações, e tem exercido outras funções para os humanos: forma de conhecimento, meio de previsão do futuro, veículo de comunicação com os deuses, espaço de teofania, campo privilegiado da simbolização e da analogia, "via real para o inconsciente". Desprezado pela ciência, por um largo tempo, na História da Humanidade, como manifestações simplórias e alógicas de uma mente adormecida, nos tempos modernos foi com a Psicanálise que o sonho recuperou sua posição privilegiada, encarado como algo de extremo valor:

> O respeito concedido aos sonhos na Antigüidade [...] baseia-se numa intuição psicológica correta [...] e é a homenagem prestada às forças incontroladas e indestrutíveis existentes no espírito humano, ao poder "demoníaco" que produz o desejo onírico e que encontramos em ação no nosso inconsciente,

diz Freud na *Interpretação dos Sonhos*[6]. Essa "intuição psicológica correta", apontada pelo Pai da Psicanálise, acho que vai mais longe do que aquilo que o próprio Freud suspeitava, ao menos em termos de visada teórica. Não me parece que ele – que conhecia muito bem a literatura grega, e que lia Aristóteles (pelo menos, cita o tratado *Sobre os Sonhos* e *Da Adivinhação através dos Sonhos*) – tenha lido o tratado *Sobre a Alma*, ou o tratado *Da Memória e da Reminiscência*, do filósofo grego. Pois bem: aí podemos encontrar antecipações das mais audazes teorias freudianas, como aquela que equipara realidade à fantasia, na economia psíquica. Mas mais surpreendente ainda é a assertiva segundo a qual a imaginação se articula ao desejo. Literalmente: "... a fantasia, quando se move, não se move sem o desejo" (*Sobre a Alma*, III, 10).

Atenção: Essa não é uma frase de Freud, mas do filósofo grego! Mas na realidade ela vai ressoar acordes que já conhecemos, da sinfonia dos grandes trágicos gregos, como se verá a seguir.

---

6. *A Interpretação dos Sonhos* (1900), Rio de Janeiro, Imago, vol. V, p. 652.

OS SONHOS E PROMETEU

Extremamente significativo é que para os gregos os sonhos sejam uma dádiva de Prometeu, o deus civilizador e humanizador, titã afeiçoado aos homens. Na versão esquiliana da lenda de Prometeu, o titã doa aos homens não apenas o fogo roubado dos deuses (e com o fogo, "tesouro sem preço", a civilização e a técnica), mas também as formas das artes divinatórias, a esperança e os sonhos. O fogo e os sonhos: dá o que pensar o fato de que esses dois dons, absolutamente fundamentais para o ser humano, tenham uma proveniência comum: são legados do deus civilizador. E é também Prometeu, cujo nome significa etimologicamente "aquele que compreende antes", que doa aos homens a esperança.

Foi por amor aos humanos, os "efêmeros", como diz literalmente o texto grego, que Prometeu é castigado. Preso ao rochedo de sua pena, ele dialoga com o Coro, na tragédia de Ésquilo, *Prometeu Acorrentado*:

> Por ter feito uma dádiva aos mortais, estou jungido a esta fatalidade, pobre de mim! Sou eu quem roubou, caçada no oco de uma cana, a fonte do fogo, que se revelou para a Humanidade mestra de todas as artes e tesouro inestimável: Esse o pecado que resgato pregado nestas cadeias ao relento[7].

Mas não apenas o fogo e a técnica por ele proporcionada; Prometeu dá aos mortais aquilo que fará deles os agentes da civilização: a agricultura, a escrita, o número, a matemática, a medicina:

> ... [os homens] definhavam [diz ele], carecidos de remédio, até que lhes ensinei a composição de específicos eficazes com que afastam todas as moléstias. Coligi muitos gêneros de adivinhação; fui o primeiro a distinguir entre os sonhos quais hão de tornar-se realidade; interpretei para eles os presságios obscuros e os agouros surgidos nos caminhos...[8]

---

7. Ésquilo, "Prometeu Acorrentado", *Teatro Grego*, São Paulo, Cultrix, 1989, p. 22.
8. Ésquilo, *op. cit.*, p. 29.

PROMETEU E ATLAS. CERÂMICA LACÔNICA. SÉCULO VI AC (ROMA, MUSEU DO VATICANO).

Extremamente significativo é que para os gregos os sonhos sejam uma dádiva de Prometeu, o deus civilizador e humanizador, titã afeiçoado aos homens. Na versão esquiliana da lenda de Prometeu, o titã doa aos homens não apenas o fogo roubado dos deuses (e com o fogo, "tesouro sem preço", a civilização e a técnica), mas também as formas das artes divinatórias, a esperança e os sonhos.

E segue-se aí a lista das artes mânticas que ele legou aos homens. Mas o que quero ressaltar, inicialmente, é a relação que este último texto citado estabelece entre os sonhos e a Medicina, neles postulando um elemento terapêutico. Num primeiro momento, é inevitável que se pense nos procedimentos de incubação, nos sonhos incubatórios que aconteciam usualmente nos santuários de Esculápio, em que uma resposta oracular costumava ser dada durante o sono àqueles que procuravam o santuário, versando seja sobre o futuro, seja sobre a resolução de alguma doença, ou sobre remédios a serem utilizados. Mas essa não é a única referência a "forças curativas" que estamos acostumados a associar a práticas que levam em conta aquilo que, depois de Freud, chamamos de "inconsciente" (e que os gregos formalmente desconheciam, mas de que constantemente davam as mais irrefutáveis provas, sobretudo nas tragédias...). Na própria peça *Prometeu Acorrentado* há uma referência aos *iatroi lógoi*: às "palavras-medicina", que teriam o poder de curar. Diz o Coro a Prometeu: "Não compreendes, Prometeu, que para tratar a doença cólera há as palavras-medicina?"[9]

E não é a primeira vez que se depara, no mundo grego, a cura pela palavra. Há um texto interessantíssimo e curioso, no *Fédon* de Platão, em que se diz que há terrores que brotam, no homem, da criança que existe nele. Trata-se do medo infantil de que um vento muito forte possa dispersar a alma à saída do corpo, no momento da morte. Diz Cebes, interlocutor de Sócrates nesse diálogo platônico[10]:

— Admitamos que dentro de cada um de nós há uma criança a que estas coisas fazem medo. Por isso, esforça-te para que essa criança, convencida por ti, não sinta diante da morte o mesmo medo que lhe infundem as assombrações.

9. *Iatroi-lógoi*: literalmente, palavras-médico.
10. Platão, *Diálogos* (*O Banquete, Fédon, Sofista, Político*), São Paulo, Abril Cultural, 1972.

– Mas é preciso então – replicou Sócrates – que lhe façam encantamentos todos os dias, até que as encantações o tenham libertado disso uma vez por todas.

– Mas Sócrates, onde poderemos encontrar, contra esse gênero de terrores, um bom encantador[11], uma vez que estás prestes a deixar-nos?

– ... Dirigi vossa busca por entre todos esses homens, e na procura de um tal encantador, não poupeis trabalhos nem bens, repetindo convosco, a cada momento, que nada há em que possais com mais proveito gastar vossa fortuna[12].

Mas voltemos a Prometeu. Além do amor aos mortais, o que lhe acarreta terrível castigo de Zeus, o que há de mais instigante nesse mito, na sua versão esquiliana, é a ligação estabelecida entre sonho e desejo. Tendo o herói de *Prometeu Acorrentado* dito ao Coro que o reino de Zeus findaria, e isso traria sua libertação, o Coro lhe pergunta se nessa predição ele não toma simplesmente seus desejos por realidade, e Prometeu responde:

Eu digo o que acontece, e, além disso, o que desejo (p. 38).

Creio, então, que é sob o signo de Prometeu que todo estudo sobre o sonho deveria ser feito. Sonhos e realização de desejo: esta tônica no aspecto projetivo do sonho, tendido para o futuro, relaciona-se ao o fato de Prometeu ter dado aos homens a *esperança*. A esperança que, segundo suas palavras textuais, "cura nos homens a preocupação da morte". Será interessante um contato direto com o próprio texto, a transcrição de um dos diálogos entre Prometeu e o Coro.

P: Sim, curei nos homens a preocupação da morte.
C: Que remédio achaste para esse mal?
P: Alojei neles as cegas esperanças.
C: Foi esse um dom utilíssimo à Humanidade.
P: Além disso, dei-lhes de presente o fogo.

11. Encantador: do radical de *epodein*, de *epi* + *odein*: literalmente, "cantar sobre".
12. O que não deixa de ter significativas ressonâncias para os "fregueses" da Psicanálise...

C: Os efêmeros possuem agora o fogo flamejante?
P: Sim, e dele aprenderão artes sem conta.

Prometeu Acorrentado, p. 24.

Inserida no diálogo, apreende-se aqui também uma articulação significativa: a esperança e o fogo. Mas o adjetivo acoplado ao primeiro dom é inquietante: *cegas* esperanças.

Por que esse índice de conotação negativa para a esperança? Essa ambivalência, no entanto, é uma constante no mito grego: na versão de Hesíodo, a esperança é figurada como um dos muitos males da caixa de Pandora, equiparada à preocupação, à enfermidade, à angústia. Mas há também uma versão helenística posterior, em que o dom de Pandora é apresentado não como uma caixa de desgraças, e sim uma caixa de bens, de prendas de felicidade. Segundo essa versão também estes escapam do fundo da caixa, perdendo-se entre os homens. Como único bem no fundo da caixa, resta a esperança. Registremos isso: a esperança = o único bem que resta aos homens. Bem e mal, remédio de um lado e falácia do outro; cega, mas equiparada ao "fogo flamejante", a esperança é mesmo, como queria Ernst Bloch, "o mais humano de todos os sentimentos". A esperança tem a ver com o futuro e com o Desejo[13].

Isso nos reconduz ao estatuto dos sonhos como uma das principais artes mânticas. Prometeu não apenas dá aos homens os sonhos, mas foi o primeiro "a distinguir entre eles quais hão de tornar-se realidade, e esclarecer-lhes os sentidos carregados de obscuros presságios..." (v. 472).

Essa constatação de que há sonhos que a vigília deve realizar, e sonhos que não se realizam, acompanha a Humanidade desde sempre, mas no mundo grego adquirirá imensa força plástica na alegoria das *portas do sonho*.

---

13. Pois, como queria Fernando Pessoa, sem a esperança, que é o homem senão "cadáver adiado que procria"?

AS PORTAS DE CHIFRE E DE MARFIM

Essa imagem aparecerá pela primeira vez no mundo clássico na *Odisséia*, no Canto XIX, quando Penélope, após relatar seu sonho a Odisseu, fala que os sonhos, ambíguos, nem todos se realizam. Há duas portas de sonhos[14] pelas quais eles passam, diz ela: a de chifre e a de marfim. Os que saem pela porta de chifre se realizam; os da porta de marfim são enganosos (*Odisséia*, XIX, vv. 560-569).

Registremos por enquanto apenas isso: há sonhos que se realizam e outros que não se realizam, são "enganosos". Na realidade, apesar de no mundo grego o sonho, como vimos com Prometeu, estar ligado profundamente às artes mânticas, às artes divinatórias, havia a percepção de que muitas vezes eles de nada valiam em termos de eficácia oracular. Essas duas possibilidades aparecem de maneiras variadas, desde a formulação presente na *Ilíada*, de que "os sonhos provêm de Deus"[15], até a observação da rainha Clitemnestra na *Orestíada* de Sófocles, quando se refere depreciativamente aos sonhos como "quimeras de uma mente adormecida", em que ela não acreditaria. (E isso, num belo exemplo do mecanismo de denegação: exatamente ela, a personagem que mais sonha, e cujos sonhos se realizam nas próprias tragédias em que comparecem!) Essa ambigüidade se revela numa discriminação vocabular: da gama variada de sinônimos para "sonho" em grego, alguns designam sonhos "confiáveis" e outros, sonhos irrelevantes. Mas muito mais importante que essas classificações, que em português fica difícil nomear, uma vez que só temos um termo, "sonho", à diferença do francês, que comporta *rêve* e *songe* – e também, admiravelmente, o jogo *songe/mensonge* – mais importante que essas classificações, é o fato de que o sonho se apresenta como algo que postula uma decodificação, que solicita uma interpretação.

14. Cf. o capítulo "As Portas do Sonho", pp. 39-64.
15. Cf. *Ilíada*, I.

Daí, a arte da Oneirocrítica – a interpretação dos sonhos, importantíssima na Antiguidade, e que originou uma classe de profissionais respeitados que transmitiam de pai a filho a sua arte, como é o caso de Artemidoro de Daldis.

ARTEMIDORO DE DALDIS

Talvez o mais completo tratado da Antiguidade Clássica sobre interpretação de sonhos que tenha chegado às nossas mãos seja a *Oneirocrítica* de Artemidoro de Daldis, que viveu em Éfeso, no século II d.C. Trata-se do único texto do gênero que nos resta na íntegra e que, segundo o testemunho do próprio autor, resume e sintetiza várias outras obras congêneres em uso na Antiguidade. É isso que levou Freud a declarar que a sobrevivência da obra exaustiva dessa grande autoridade em interpretação dos sonhos deve compensar-nos pela perda dos outros escritos sobre o mesmo assunto.

Pois bem, o que é que vamos buscar na *Oneirocrítica* de Artemidoro? É verdade que o onirocrítico da Antiguidade tem por função determinar, a partir das produções oníricas, se os acontecimentos que ocorrerão são favoráveis ou não. Mas as reflexões que ele tece sobre os sonhos são interessantíssimas, e sua obra é muito mais que uma "chave de sonhos", como aliás, um tanto redutoramente, diz o título da tradução francesa que estou compulsando[16]. É uma obra que apresenta, além do literário, interesse antropológico, sociológico, histórico, sendo fundamental para o estudo da história das mentalidades – haja vista a importância que lhe concede Foucault na sua *Histoire de la Sexualité*. Artemidoro não compôs um dicionário de símbolos fixos e de decodificação mecânica. Sempre tal símbolo é aferido à situação do sonhante. O sonho *significa* diferentemente, à medida que varia a qualidade (e aqui se entenda: o perfil social) do sonhante. Artemidoro

16. *La clef des songes*, trad. Festugière, Paris, Vrin, 1975.

dá exemplos de como um mesmo símbolo pode ser diferentemente interpretado conforme varia aquele que sonha: se é homem ou mulher; se é escravo ou livre; se é casado ou solteiro, governante ou dominado, se é forasteiro ou está na sua pátria etc. etc. Uma gama infindável de situações humanas é contemplada na sua arte de decodificar símbolos oníricos, levando em consideração a subjetividade do sonhante. O Livro I desse seu tratado, nº 9, apresenta um subcapítulo interessante, intitulado "O que Deve Saber o Onirocrítico". Vamos a ele:

> Poderia bem ser útil, não somente útil, mas necessário, não apenas a quem viu o sonho e quem o interpreta, que o onirocrítico saiba quem é aquele que viu o sonho, qual é sua profissão, qual foi seu nascimento, o que possui de fortuna, e qual o seu estado corporal, e a que idade ele chegou. E é preciso examinar exatamente o próprio sonho, em seu conteúdo. Que com efeito uma ligeira adição ou subtração no sonho seja suficiente para fazer mudar sua realização, será mostrado na seqüência[17].

Artemidoro dá exemplos de como um mesmo símbolo pode ser diferentemente interpretado conforme varia o perfil social daquele que sonha. Há passagens de sua obra que revelam uma extrema acuidade e pertinácia, como por exemplo esse tento interpretativo, que dá conta não somente da polivalência do signo lingüístico, mas também do trabalho de condensação:

> Guarda na memória que, no caso daqueles animais que, permanecendo os mesmos, podem prestar-se a uma pluralidade de interpretações, é preciso levar em conta todas. Por exemplo, a pantera significa ao mesmo tempo um magnânimo por causa de seus costumes, e um patife, por causa de sua cor manchada (IV, 56-57).

O que é o sonho, para Artemidoro? No Capítulo I do Livro I da *Oneirocrítica*, ele propõe três "etimologias" para o sonho, *oneiros*, e todas as três, mesmo que não gozem do respaldo dos filólogos, são interessantíssimas:

---

17. *La clef des songes*, I, 9-11, p. 30.

1. a primeira delas articula *oneiros* a *oreinein* (por metátese). A visão do sonho é naturalmente própria a excitar e a colocar em movimento (*oreinein*) a alma;

2. a segunda faz derivar o termo de *to on eirei*: *oneiros* é aquilo que "diz o ser" (*eirein* = verbo dizer; *to on* = o ser), e o diz sob a forma de analogia;

3. na palavra *oneiros* está embutido o nome de Iro, o mendigo de Ítaca, que levava as mensagens a ele confiadas.

Com efeito, da perspectiva da Psicanálise, não é verdade que: 1) o sonho é próprio a "excitar e colocar em movimento" a psique; 2) o sonho é aquele que "diz o ser" inconsciente; 3) o sonho é um dos mensageiros do inconsciente?

Já se vê, através dessa decodificação da própria palavra *oneiros*, como Artemidoro dá importância ao que ele chama de etimologia, mas que nós, de uma maneira geral, chamamos de significante.

Efetivamente, é por vezes o significante que "comanda"a interpretação dos sonhos. É Artemidoro, a propósito, que relata a famosa interpretação (referida aliás por Freud) do sonho de Alexandre da Macedônia, quando se preparava para fazer um cerco à cidade de Tiro. Alexandre sonhou que viu no seu escudo um sátiro dançando. Chamou Aristandros, seu intérprete oficial, que dividiu a palavra *Satyros* em sa + *Tyros* (= Tiro é tua) e, assim, fez com que o rei combatesse com tal garra, que conquistou a cidade. Se o intérprete se ativesse ao significado, enveredaria por tentar deslindar questões referentes ao sentido de sátiro como *daimon* da natureza, integrante do cortejo de Dionísio, mistura de homem e bode a perseguir incansavelmente mênades e ninfas, divindade lúbrica habitando as florestas (e daí, por dedução, figuração eventual da luxúria e do caráter libidinal etc., etc.) e provavelmente não iria muito longe. Mas a carga material da palavra lhe dá a pista para decifrar esse sonho, na linha da mais estrita ortodoxia psicanalítica, por sinal: o "sátiro" significa a realização do desejo de Alexandre, a conquista de Tiro: "Tiro é tua", lhe diz o sonho.

Aqui se mostra o alcance da onirocrítica antiga, sensível à força da *palavra* tomada na sua materialidade[18] (como diz Freud: tomada como coisa), atenta aos restos diurnos e à situação subjetiva daquele que sonha. E além disso, trata-se de um belo exemplo de sonho como realização de desejo.

Na Onirocrítica, Artemidoro de Daldis compara seu "método" com a técnica divinatória dos sacrificadores, com a arte dos adivinhos que fazem suas previsões do futuro a partir do estudo das entranhas dos animais sacrificados. Vamos tentar entender essa aproximação, que tem tudo a ver com a analogia e com a escrita (enquanto inscrição). Trata-se de uma prática antiqüíssima, de origem mesopotâmica. Aqui também, os gregos são tributários dos mesopotâmicos.

Num artigo sobre adivinhação na Mesopotâmia[19], Bottéro fala do empirismo que fundamenta a observação que está à raiz dos oráculos que, diz ele, provavelmente teriam sido construídos dessa forma: por verificação da seqüência de acontecimentos que não tinham entre si nenhum elo aparente, mas observou-se que tinham sucedido uma vez, e estabeleceu-se imediatamente que sucederiam sempre (na base do *post-hoc, ergo propter hoc*)[20]. O exemplo com o qual ele trabalha é muito curioso e diz respeito a oráculos a partir do exame do fígado da vítima sacrificada e está registrado em documentos, as "maquetas de fígado". Aí se pode perceber que se estabelecia um elo entre a observação de uma particular disposição do fígado (protuberâncias, marcas como se fossem perfurações etc.) e um determinado acontecimento, produzido contemporaneamente. Efetivava-se assim uma leitura das entranhas de animais, articuladas a eventos significativos na

---

18. É isso que se tratará de mostrar no capítulo "As Portas do Sonho", pp. 39-64 deste livro.
19. Jean Bottéro, "Adivinhação e Espírito Científico na Mesopotâmia", *Revista Clássica*, São Paulo, Paz e Terra/SBEC, vol. 4, 1991.
20. "Depois disso, logo, por causa disso".

vida do povo. Um dos oráculos que Bottéro estuda pode ser assim resumido: se no fígado da vítima são furadas (em acádio: *palshou*) três perfurações (em acádio: *pilshou*), o presságio é o mesmo que o do povo da cidade sitiada de *Apishal*, que o rei *Narâm-Sin*, por volta de 2260 a.C. fez prisioneiro, recorrendo a sapas (em acádio *pilshou*). Nesse país, denominado Apishal, os sacrificadores, ao dissecarem uma das vítimas, teriam observado que seu fígado se apresentava de forma inusitada; pouco tempo depois, teria se produzido um acontecimento notável na cidade: sabotadores nela penetraram, e ela foi conquistada.

Na realidade, trata-se de um jogo de palavras, todas assonantes: *pilshou, palshou, Apishal* – e o elo que manteriam entre si radica na semelhança de significantes. É assim que as perfurações de um fígado poderiam remeter à ação dos sabotadores (sapas) que fariam de alguém um prisioneiro. Aqui se vê a importância do *nome* comandando o oráculo, e entende-se por que se afiguram como absurdas a nós certas decodificações – certas interpretações que parecem sem pé nem cabeça: delas, na tradução, perdemos a chave. Na realidade – isso Bottéro não explora em seu artigo, ou melhor, não *nomeia* – aqui vige o princípio da *analogia*, que é a arte de descobrir semelhanças. Mas o que é interessantíssimo, que ele aponta, é a ligação estabelecida com a escrita. Tais "elos" seriam pura coincidência sem alcance, diz Bottéro, mas não para os antigos mesopotâmicos com sua doutrina, bem conhecida dos assiriólogos, do governo do mundo pelos deuses, e da fixação prévia dos destinos de todas as coisas por esses mesmos deuses. Na concepção mesopotâmica, nessa escrita-inscrição nas coisas do mundo, poderia estar gravado o destino humano.

Nesse país [diz Bottéro], onde, desde os primeiros tempos do terceiro milênio foi inventada a escrita, e onde ela gozou um papel capital na vida material e intelectual, imaginava-se que as sortes assim decididas estavam inscritas pelos deuses sobre a "tabuinha dos destinos". Os deuses podiam mesmo escrever essas decisões nas coisas, à medida que eles as criavam ou dirigiam seu movimento. Um certo número de textos falam nesse sentido, como o seguinte: "Ó deus

ADIVINHAÇÃO. EXAME, POR UM HOPLITA, DE UM FÍGADO, APRESENTADO POR UM JOVEM ESCRAVO. VASO PINTADO.

A analogia permite uma visão do mundo reordenado segundo um princípio que lhe confere sentido. Os fatos humanos não são assim desraigados e aleatórios, mas estão inscritos nas entranhas e nas estrelas, no mundo biológico e no mundo cósmico.

Shamash, [...] tu que inscreves o oráculo e marcas a sentença divinatória nas entranhas do cordeiro!"[21]

Não se pode esquecer de que estamos na civilização da escrita cuneiforme, que é, como diz Bottéro, uma "escrita das coisas", em que os pictogramas são, em suma, coisas para designarem outras coisas: assim o croquis do pé para o "andar", a figura do triângulo pubiano para "mulher" ou para "feminilidade" etc. Já vislumbramos algo que não estava no campo de preocupações de Bottéro, mas que para os objetivos do presente estudo é fundamental: em que medida esse mesmo processo está presente no sonho e na poesia.

Assim se justifica esse excurso pela adivinhação mesopotâmica: partimos da afirmação do grego Artemidoro de que seu método é comparável à técnica divinatória dos sacrificadores; daí remontamos para aquilo que as práticas divinatórias semelhantes dos mesopotâmicos apontam: o reconhecimento da importância da *linguagem* humana, e a presença fundante da analogia.

Analogia: para Artemidoro de Daldis, "a interpretação dos sonhos não é outra coisa que uma aproximação do semelhante com o semelhante" (II, 25). E aqui a gente encontra um eco da intuição fecunda de Aristóteles, que termina seu estudo sobre "A Adivinhação Através do Sonho" com a afirmação de que "o mais hábil intérprete dos sonhos é aquele que pode observar as analogias"[22].

Mas o que é mais importante é que a analogia é fundamento não apenas do mundo mágico e do mítico, mas também da poesia, esse universo analógico em que os sons "se respondem" e em que se revelam as afinidades obscuras entre as coisas: CORRESPONDÊNCIAS – de que o poema de Baudelaire é o prestigioso avatar. Diz Octavio Paz:

A idéia da correspondência universal é provavelmente tão antiga como a sociedade humana. É explicável: a analogia torna o mundo habitável. À contingên-

---

21. Bottéro, *op. cit.*, p. 30.
22. Aristóteles, *De Divinatione per Somnum. Parva Naturalia*, trad. René Mugnier, Paris, 1965.

cia natural e ao acidente opõe a regularidade; à diferença e à exceção, a semelhança. O mundo já não é um teatro regido pelo azar e pelo capricho, as forças cegas do impossível: governaram-no o ritmo e suas repetições e conjunções. [...] A analogia é o reino da palavra *como*, essa ponte verbal que, sem suprimi-las, reconcilia as diferenças e as oposições[23].

A analogia permite uma visão do mundo reordenado segundo um princípio que lhe confere sentido. Os fatos humanos não são assim desraigados e aleatórios, mas estão inscritos nas entranhas e nas estrelas, no mundo biológico e no mundo cósmico.

Mas se ficou inequívoco que as artes mânticas, a advinhação seja das entranhas de vítimas sacrificadas, dos vôos dos pássaros ou dos sonhos, vai na linha da descoberta das "semelhanças não sensíveis", como fala Walter Benjamin[24] e mergulha no mundo do *mythos*, o instigante será a constatação de que a *interpretação* (dos sonhos, dos oráculos, dos poemas) é, ela própria, também, num certo sentido, irredutível ao *logos*. Por mais que a Crítica Literária se alinhe entre as "ciências da Literatura"; e por mais que a Psicanálise reivindique para si o estatuto de ciência, a interpretação dos poemas e dos sonhos estará sempre do lado do *mythos*.

Platão, que sendo filósofo era poeta e entendia dessas coisas, dizia que o leitor/ouvinte da poesia, para apreciá-la convenientemente, também deveria estar inspirado.

Pois entre o Poeta, o Rapsodo (que na Grécia clássica era o que mais se aproximaria do atual professor de literatura dublado em crítico literário) e o leitor (ouvinte) de poesias passava a mesma corrente de inspiração poética, que os ligava à divindade, à Musa. O leitor/ouvinte também se deixaria imantar pelo entusiasmo, no sentido grego. Estamos todos do lado do *mythos*.

Mas se é verdade que o sonho, o poema e aqueles que os interpretam estão do lado do *mythos*, o sonho, como todo produto humano, é

23. *Los Hijos del Limo*, Barcelona, Seix Barral, 1974, p. 95.
24. Walter Benjamin, "Sur le pouvoir d'imitation", *Poésie et revolution*, Paris, Denoël, 1971.

historicizado. Se o inconsciente é a-histórico, as formações do inconsciente são históricas. E mais: o sonho não representa apenas uma manifestação psíquica individual; ele está impregnado do social. Nesse espaço próprio, que parece tão individual, do sonhador, imiscui-se o social: suas escolhas imagéticas são buscadas no arsenal de imagens que sua civilização e sua cultura lhe oferecem. Freud diz que é a elaboração secundária que faz com que o sonho perca sua aparência incoerente e de absurdo, e se aproxime de uma experiência inteligível: inteligível para *aquele* universo cultural, eu acrescentaria. Assim, é a elaboração secundária (que, junto com a condensação, deslocamento e figurabilidade, constitui um dos processos de elaboração onírica) que faz com que o sonho se aproxime de uma dada estrutura cultural. Pois existem estruturas modelares, algo como um arquétipo cultural. Em seu ensaio "Structure onirique et structure culturelle", Dodds fala exatamente de sonhos cujo conteúdo manifesto é determinado por uma "estrutura cultural":

> E isso não quer simplesmente dizer que lá onde um americano moderno, por exemplo, sonharia com uma viagem de avião, um primitivo sonharia que era transportado ao Céu no dorso de uma águia; isto quer dizer que em muitas sociedades primitivas há tipos de estrutura onírica que dependem de um esquema de crenças transmitidas no interior da própria sociedade, e que cessam de produzir-se quando a crença cessa de ser mantida. Não somente a escolha de tal símbolo, mas o caráter próprio do sonho parece submeter-se a uma estrutura tradicional rígida. É evidente que tais sonhos são parentes próximos do mito que é, como foi justamente observado, o "pensar onírico" de um povo, assim como o sonho é o mito do indivíduo[25].

Estudar sonhos de uma determinada cultura leva inescapavelmente à caracterização do universo cultural que gerou aqueles sonhos. Há que se reconhecer a historicidade do sonho, ou melhor, das imagens oníricas, surgidas do arsenal imagético de cada sonhante – na linha de

25. E. R. Dodds, *Les grecs et l'irrationnel*, trad. Michael Gibson, Paris, Flammarion, 1965.

uma "História do Imaginário". E é por isso que Roger Bastide pratica uma "Sociologia do Sonho"[26].

Um estudo de sonhos, e ainda por cima *gregos*, não seria assim um tema tão aleatório e desvinculado das angústias e tensões do mundo de hoje: ao nos voltarmos para eles, conhecemos melhor a nós próprios. Pois há uma regra, uma só, quando a gente se volta para o passado. É o que Walter Benjamin formulou, de uma maneira definitiva, dizendo que "O problema não é apresentar a obra literária em conexão com o seu tempo, mas sim tornar evidente, no tempo que a viu nascer, o tempo que a conhece e julga, ou seja, o nosso"[27].

26. Roger Bastide, *Le rêve, la transe et la folie*, Paris, Flammarion, 1972.
27. Walter Benjamin, "Histoire Littéraire et Science de la Littérature", *Poésie et revolution*, Paris, Denoël, 1971.

2

AS PORTAS DO SONHO

Extremamente cara à Antigüidade Clássica, a imagem das Portas do Sonho tem seu ponto germinal na *Odisséia,* no Canto XIX, na boca de Penélope, ao fim do relato que ela faz de um sonho seu a Ulisses, disfarçado em forasteiro, retornando após vinte anos de guerra e aventuras, e ainda incógnito. O que é que Penélope pensa dos sonhos? Diz ela ao forasteiro:

> Os sonhos são deveras embaraçosos, de sentido ambíguo, e nem todos se cumprem no mundo. Os leves sonhos têm duas portas, uma feita de chifre e outra de marfim; dos sonhos, uns passam pela de marfim serrado; esses enganam, trazendo promessas que não se cumprem; outros saem pela porta de chifre polido, e, quando alguém os tem, convertem-se em realidade. Receio, porém, que não tenha saída por esta o meu sonho[1] temeroso (Homero, *Odisséia*, XIX, vv. 560-569).

Uma primeira e inarredável idéia que surge é a de que os sonhos vêm de um outro lugar, vêm de alhures – de uma outra realidade, separada do mundo quotidiano (diurno) por *portas*. O sonho passa através dessas portas, faz a mediação entre os dois mundos. Já aludi à fantasista mas enge-

---

1. O sonho de Penélope, bem como sua análise, estão no capítulo intitulado "Ouve e Interpreta-me este Sonho", pp. 65-114 deste livro.

nhosa "etimologia" (uma delas, aliás) que Artemidoro de Daldis (o autor da *Oneirocrítica*, do século II d.C., o monumental *Tratado de Interpretação dos Sonhos*), dá da palavra sonho, em grego *oneiros*: aí estaria embutido o nome de Iro, o mendigo de Ítaca que, na *Odisséia*, levava e trazia as mensagens a ele confiadas[2].

Tais mensagens – cujo estatuto importaria ainda precisar – passam através de portas – de marfim e de chifre, diz Penélope. A impressão inicial, mais do que impressão, uma intuição, de que as "portas do sonho" escondem algo por detrás dessa metáfora altamente poética, nos leva a perseguir um pouco essas imagens. Que os sonhos enganosos passem por uma porta, e aqueles que se realizam passem por outra, tudo bem. Mas por que porta *de marfim* e porta *de chifre*, respectivamente?

Essas imagens, no entanto, parecem ter impressionado os Antigos. Na esteira da *Odisséia*, ela comparece em Platão, no diálogo *Cármides*, ou *Da Temperança*: "Escuta então este meu sonho", diz Sócrates, "tenha ele tomado seu vôo pela porta de chifre, ou pela porta de marfim"[3].

E em Horácio, na ode do Livro III: "Estarei acordado, lastimando um ato vergonhoso? Ou seria eu um joguete de uma imagem,cujo vôo enganoso me traz um sonho pela porta de marfim?"[4]

Mas é sobretudo em outro poema épico – a saber – na *Eneida* que, calcada na *Odisséia*, a alegoria das portas do sonho é utilizada por Virgílio, ao fim do famoso Canto VI, da Descida aos Infernos.

Há duas portas do sonho: uma é de chifre, diz-se, por onde as sombras reais facilmente saem; a outra, refulgente, é de marfim brilhante; mas por esta porta os manes enviam ao mundo celeste os fantasmas ilusórios[5].

O recurso ao original será indispensável:

2. Artemidoro de Daldis, *Oneirocrítica* (*La clef des songes*), trad. J. Festugière, Paris, Vrin, 1975.
3. Platão, *Charmides* ou *De la sagesse*, *Oeuvres Complètes*, Paris, Charpentier, 1869, p. 290.
4. Horácio, *Odes et épodes*, trad. Vicente Villeneuve, Paris, Les Belles Lettres, 1946.
5. Virgílio, *Eneida*, trad. Tassilo Spalding, São Paulo, Cultrix, 1992, VI, vv. 893 e ss.

Sunt geminae Somni portae, quarum altera fertur cornea, qua veris facilis datur exitus umbris, altera candenti perfecta mittens elephanto, sed falsa ad caelum mittunt insomnia manes.

O interessante é que, em latim, onde o termo "de chifre" é *cornea* e "de marfim" é *elephanto*, uma associação se configura: essas imagens poderiam referir-se, dizem os comentadores antigos (os Escoliastes, Eustathius) a duas das "portas de comunicação" do corpo humano, a saber: a porta córnea, de chifre, diria respeito aos olhos (córnea ocular) e a porta de marfim diz respeito às presas, e, portanto aos dentes, e conseqüentemente, à boca. Victor Bérard, na sua alentada *Introduction à l'Odyssée*, assim situa o problema:

> De um comentário antigo, copiado ou resumido por Eustathius e os Escoliastes, seria necessário destacar algumas frases que nos farão melhor compreender a tradução desses versos de Virgílio: Por que os sonhos de chifre são verídicos, e os sonhos de marfim enganosos? É que sendo o chifre o símbolo do olho e o marfim, o do dente, as coisas vistas são sempre mais certas que as coisas ditas. Outra razão: o Poeta conheceu duas espécies de sonho, os que vêm de Zeus, do céu, e os que vêm de baixo, dos Infernos; ora, os chifres se elevam para o céu, e as presas de elefante pendem para a terra[6].

Mas, e no grego? Muito se esclarece, quando se consulta o original. Pois se perdem, na tradução, dois trocadilhos do texto grego: de um lado, entre as palavras que significam chifre (*keras*) e realizar-se (*krainein*); e de outro lado, entre marfim (*elephantínon*) e enganar (*elephairomai*). E a aparente aleatoriedade dessas duas metáforas acha-se "resolvida" por um trocadilho, com todas as suas características de condensação, economia de dispêndio psíquico, humor etc. etc.

E o curioso é que os comentadores helenistas eruditos, quando tratam desses versos, sempre apõem uma nota, em que invariavelmente se

---

6. Comentário de Eustathius, *apud* Victor Bérard, *Introduction à l'Odyssée*, Paris, Les Belles Lettres, 1933, p. 139.

aponta para a "puerilidade desses jogos de palavras, que os gregos tanto admiravam…". Victor Bérard chega a suspeitar de uma interpolação:

> Como, nos versos 562-569, atribuir ao Poeta a paternidade dos ridículos jogos de palavras sobre as duas Portas dos Sonhos, das quais uma é de chifre (*corne*) para nos trombetear aos ouvidos a felicidade, e a outra é de marfim (*ivoire*) para semear na nossa vida o joio (*ivraie*) de mentiras? Tento traduzir algo equivalente às brincadeiras que o texto atual coloca na boca de Penélope[7].

Mas os gregos e, na esteira dos gregos, Freud (*O Chiste e suas Relações com o Inconsciente:* essa obra capital da Psicanálise, da Estética e da Literatura), estão aí para provar que jogo de palavras é um ponto fulcral, em que a Linguagem e o Inconsciente se travejam[8].

O que resta a ressaltar, e que acho extremamente significativo, é que, no mesmo texto em que relata seu sonho, Penélope, na seqüência, aciona um trocadilho, um *Witz* – como se quisesse mostrar-nos a relação que existe entre estas duas "formações do Inconsciente".

O que deduzir desse trocadilho? A porta da realização representada por "chifre", e a do engano, pelo "marfim". Ora, chifre e marfim não foram convocados pelo seu significado; *keras e elephantínon* estão aí pelo significante, remetendo, respectivamente a *krainein* (realizar-se) e *elephairomai* (enganar). Assim, marfim e chifre comparecem nesse texto do mesmo modo que o sátiro no sonho de Alexandre, referido à p. 30 deste livro. Vemos aqui em ação um processo extremamente utilizado nas formações do inconsciente, presente nos sonhos e nos trocadilhos (no *Witz*), e que leva a encarar a palavra na sua materialidade, na sua concretude, no seu corpo verbal, sonoro e material. Assim como o sonho de Alexandre não remetia ao significado de sátiro, mas ao significante, ao termo tomado na sua materialidade (*satyros* = Tiro é tua), assim também *krainein* e *elephairomai* não remetem a seus respectivos significa-

---

7. Victor Bérard, *Introduction à l'Odyssée*, p. 140.
8. Freud, *O Chiste e suas Relações com o Inconsciente* (1905), *Obras Completas*, vol. VI, Rio de Janeiro, Imago, 1976.

dos. Como figurar a porta da realização, a porta do realizar-se, porta do *krainein*? Através do significante *keras*, tomado ao pé da letra, tomada na sua materialidade, na sua figurabilidade de chifre.

> A mais surpreendente representação da Porta de Chifre é Mesopotâmica: trata-se de um cilindro – sinete da época de Sargon (2500 a.C.). O sol aí aparece entre duas colunas que se misturam com as montanhas. Há uma cabeça humana dominada por chifres recurvos, e desta cabeça partem raios terminando em estrelas; é o sol poente,

diz Róheim[9], para provar seu argumento de que há uma ligação entre as Portas do Sonho e as Portas do Sol.

Percebe-se aqui que o processo de recurso ao significante radica na necessidade de figurabilidade. Como dar conta de representar idéias abstratas, por exemplo a plausibilidade, ou melhor, a possibilidade de realização dos sonhos, a não ser recorrendo à palavra "realizar-se" tomada na sua materialidade, no jogo a que *kéras*, chifre, se presta, na sua interassonância com *krainein*? Da mesma maneira, como figurar "o que engana", sem apelar para o significante de *elephairomai* inter-evocado por *elephantínon* (de marfim)? A palavra é *sema e soma*, é signo e corpo: é isso que nos ensinam os trocadilhos. A importância do significante nunca poderá ser suficientemente apregoada, nas formações do inconsciente. Essa visada será fundamental, por exemplo, na abordagem das relações da Palavra com o Mito. Sabemos o quanto o mito é importante, também de uma perspectiva psicanalítica, e de seu estatuto, semelhante ao sonho: o mito é uma espécie de equivalente coletivo do sonho. Ou: o sonho é o mito individual de cada um.

Um dos pressupostos da consciência elaborada de mitos é exatamente a idéia de que nome e essência se correspondem, numa relação intimamente necessária, diz Cassirer, endossando Max Müller, que empregava a análise filológica como ponto de partida de sua teoria de uma articulação entre a linguagem e o mito. Segundo Cassirer, em seu *Linguagem, Mito e Religião*:

9. Géza Róheim, *Les portes du rêve*, trad. M. Manin et Flora Verne, Paris, Payot, 1973, p. 293.

O mito não é para ele [Max Müller] nem a transformação da história numa lenda fabulosa, nem uma fábula aceita como história; tampouco ele surge diretamente da contemplação das grandes configurações e poderes da natureza. Melhor dizendo, tudo aquilo a que chamamos mito é, segundo o seu parecer, algo condicionado e proporcionado pela atividade da linguagem; é, de fato, o resultado de uma originária deficiência lingüística, de uma debilidade inerente à linguagem. Toda a denotação lingüística é essencialmente ambígua... e nesta ambigüidade, nesta paronimia das palavras, está a fonte de todos os mitos[10].

E o exemplo que Max Müller cita para provar isso é a lenda de Deucalião e Pirra, os quais, depois de serem salvos por Zeus do grande dilúvio que exterminou toda a humanidade, se convertem nos progenitores de uma nova raça, mediante o recurso de lançarem pedras sobre os ombros, convertendo-as em seres humanos. Esta origem do homem a partir da *pedra* é algo completamente absurdo, e parece resistir a qualquer interpretação. Mas, prossegue Max Müller, tudo se esclarece ao constatarmos que, em grego, "pedras" e "homens" se designam pelas mesmas palavras, ou "por vozes de sons semelhantes": *laós* (povo, multidão humana) e *lâas* (pedra) são inter-evocadas pela sua assonância. Assim, o mito é explicado pela palavra, tomada em seu significante: "Mitologia, no mais elevado sentido da palavra, significa o poder que a linguagem exerce sobre o pensamento, e isso é um fato efetivo, em todas as esferas possíveis da atividade mental", diz Müller[11].

Voltemos, no entanto, às nossas Portas do Sonho, em que a assonância *keras/krainein* comandou a utilização de chifre para a figuração do "realizar-se", e a assonância *elephantinon/elephairomai* regeu a representação do marfim para "enganar". Estamos longe dos *ridicules calembours* e da "puerilidade desses jogos de palavras, que os gregos tanto admiravam".

A primeira das idéias suscitadas pela imagem de *portas*, através das quais devem passar os sonhos, sejam eles enganosos ou verdadeiros, é a

---

10. E. Cassirer, *Linguagem, Mito e Religião*, trad. Rui Reininho, Porto, Edições Rés, 1976.
11. Müller, 1876, *apud* Cassirer, *op. cit.*, p. 9.

idéia de que os sonhos vêm de uma outra realidade, de um outro espaço, separado do mundo quotidiano (ou da vigília) por algum obstáculo, ou melhor, por alguma divisória. Pois bem, esse mundo tem a ver com o universo das sombras, o mundo dos mortos, mundo subterrâneo. É sobretudo na *Eneida* que vemos figurada essa vinculação: no Canto VI, que é o da descida de Enéias ao Hades, encontraremos as "Portas do Sonho", e os sonhos. Também na *Odisséia*, na "Segunda Descida aos Infernos", do Canto XXIV, há uma referência ao País dos Sonhos e à Porta do Sol (a isso voltarei mais adiante).

O Canto VI é absolutamente central na *Eneida* – e não só por sua localização, a saber, na metade da epopéia. Enéias, após a comemoração de um ano dos funerais de Anquises, decide a ir encontrar o pai no reino dos mortos, onde sofre uma verdadeira iniciação, e onde lhe são revelados os segredos do mundo a vir.

Inicialmente Enéias, guiado pela Sibila, põe-se à procura do ramo de ouro, do *viscum*, que deverá ter em mãos para empreender a travessia. Há necessidade de uma preparação cuidadosa: a coisa é séria. Depois de proceder aos sacrifícios recomendados, um tremor de terra os adverte, a ele e à Sibila, que o abismo hiante começa a se abrir, a caverna como que começa a mugir, a terra se fende. "É o momento, Enéias, de ter coragem e um coração firme", diz a Sibila. "Tu, adiante, a espada fora da bainha." Momento de penetrar nas entranhas da terra, de realizar o gesto fálico por excelência, que o original latino transmitirá de uma maneira inequívoca: *tuque invade viam vaginaque eripe ferrum* (Virgílio, *Eneida*, VI, v. 260).

Nunca uma metáfora fálica foi tão evidente – talvez porque para os nossos ouvidos de falantes de português o termo em latim para *bainha* provoca as mais concretas associações.

Estamos no início do *Descensus Averno*, da Descida aos Infernos – em que vários comentadores viram uma viagem iniciática, rumo ao mundo subterrâneo. E nesse momento a voz épica também sente a possibilidade de fraquejar em sua narração, e, confessando que é apenas o transmissor desses mistérios, o poeta demanda ajuda divina:

ANTRO DA SIBILA DE CUMAS. SÉCULO VIII a.C. CORREDOR DE 13 m, PARTINDO DO TEMPLO DE APOLO NA ACRÓPOLE.

Deuses, que tendes o império das almas, sombras silenciosas, Caos e Flegetonte, mudas regiões que vos estendeis pela noite, que me seja permitido dizer o que ouvi, e, com vosso assentimento, desvelar as coisas enterradas nas profundezas tenebrosas da terra! (Virgílio, *Eneida*, VI, vv. 264-267).

Assim, no meio da epopéia, irrompe a voz do narrador, o "eu" que narra, num premente apelo aos deuses. E depois da invocação, retoma-se a narrativa, em terceira pessoa: "Eles iam, obscuros, através da noite solitária, através da sombra e através das moradas vazias de Plutão e seu reino de simulacros [...]" (Virgílio, *Eneida*, VI, vv. 268-269).

A beleza dos versos originais merece ser preservada:

Ibant obscuri sola sub nocte per umbram
perque domos Ditis vacuas et inania regna.

E, logo em seguida, segue-se a descrição da morada subterrânea e de seus habitantes:

No próprio vestíbulo, à entrada das gargantas do Orco, o Luto e os Remorsos vingadores puseram seus leitos; lá habitam as pálidas Doenças, e a triste Velhice, e o Temor, e a Fome, má conselheira, e a espantosa Pobreza, formas terríveis de se ver, e a Morte, e o Sofrimento; depois, o Sono, irmão da Morte, e as Alegrias perversas do espírito, e, no vestíbulo fronteiro, a guerra mortífera, e os férreos tálamos das Eumênides, e a Discórdia insensata, com sua cabeleira de víboras atadas com fitas sangrentas.

No meio do vestíbulo, um olmeiro opaco, enorme, estende seus ramos e seus galhos seculares, morada, diz-se, que freqüentam comumente os Sonhos vãos, fixados sob todas as suas folhas. Além disso, mil fantasmas monstruosos de animais selvagens e variados aí se encontram: os Centauros, que têm seus estábulos nas portas, e as Cilas biformes, e Briareu hecatonquiro, e o monstro de Lerna, assobiando horrivelmente, e a Quimera armada de chamas, e as Górgonas, e as Harpias, e a forma da Sombra de tríplice corpo (Virgílio, *Eneida*, VI, vv. 273-289)[12].

---

12. A tradução da Eneida que venho utilizando para as citações mais longas é a de Tassilo Spalding, da Editora Cultrix, cotejada com a edição bilíngüe da Belles Lettres.

Há muito a se analisar aqui concernente ao problema que nos ocupa. Entre as "coisas sepultadas nas profundezas da terra", estão os fantasmas horríveis, monstros, figuras alegóricas de todas as dores da natureza humana: o Luto, os Remorsos, Doenças, Velhice, Medo, Fome, Pobreza, Morte, Sofrimento... e o *Sono, irmão da morte* (*consanguineus Leti Sopor*). Efetivamente, é essa a genealogia que do sono dá Hesíodo, na *Teogonia*:

> Noite pariu hediondo Lote, Sorte negra
> e Morte, pariu Sono e pariu a grei de Sonhos.
> A seguir Escárnio e Miséria cheia de dor.
> Com nenhum conúbio divina pariu-os Noite trevosa.
>
> VI, vv. 211-214

> . . . .

> Pariu ainda Nêmesis ruína dos perecíveis mortais
> a Noite funérea. Depois pariu Engano e Amor
> e Velhice funesta e pariu Éris de ânimo cruel[13].
>
> VI, vv. 223-225

É preciso registrar isto: o Sono e os Sonhos, irmãos da Morte, filhos da Noite. Mas voltemos ao texto da *Eneida*, à descrição da árvore plantada no meio do vestíbulo, à entrada das gargantas do Orco, essa estranhíssima "árvore de sonhos", ou melhor, árvore que abriga, fixados às suas folhas, os sonhos vãos:

> *In medio ramos annosaque bracchia pandit*
> *ulmus opaca, ingens, quam sedem Somnia volgo*
> *vana tenere ferunt, foliinque sub omnibus haerent*
>
> Virgílio, *Eneida*, VI, vv. 283-284.

Mas, "além disso, mil fantasmas monstruosos de animais selvagens e variados aí se encontram". Ao lado dos sonhos vãos, estão os monstros concebidos pela mente humana: Centauros, Cila, Hidra de Lerna, Quimera, Górgonas, Harpias. Dito de outro modo, na grande árvore à entra-

---

13. Hesíodo, *Teogonia. Origens dos Deuses*, trad. de Jaa Torrano, São Paulo, Iluminuras, 2001, p. 117.

HYPNOS (O SONO) E *THANATOS* (A MORTE) CARREGAM O CORPO DE SARPEDON, SOB A SUPERVISÃO DE HERMES. CERÂMICA ÁTICA, SÉCULO VI A.C.

da do Hades, estão os sonhos, e os seres engendrados pelos sonhos. Examinemos mais de perto esses seres: Centauros (seres compósitos, tronco de homem e corpo de cavalo), Briareu (monstro de cem braços), Quimera (monstro com cabeça de leão, corpo de cabra e cauda de dragão), Hidra de Lerna (serpente com sete cabeças), Harpias (monstros com cara de mulher, corpo de abutre), Cila (corpo de mulher, contendo, na parte inferior, seis cabeças de cães devoradores), Górgona (mulher com cabeça de serpente e presas de javali). A grande constante é o caráter híbrido, compósito, "ilógico", irreal... surrealista, eu me veria impelida a dizer, desses seres. O início da *Arte Poética* de Horácio, como já observou Géza Róheim, não diz outra coisa:

> Suponham que um pintor tenha a idéia de ajustar a uma cabeça de homem um pescoço de cavalo e recobrir em seguida com plumas multicolores o resto do corpo, composto de elementos heterogêneos; assim, um belo busto de mulher se terminaria em uma feia cauda de peixe. Diante deste espetáculo, poderíeis, meus amigos, conter o riso? Creiam-me, caros Pisões, um tal quadro daria exatamente a imagem de um livro no qual seriam representados, semelhantes aos sonhos de doente, figuras sem realidade, em que os pés não estão de acordo com a cabeça e não haveria unidade. Mas, diríeis, pintores e poetas têm o direito de tudo ousar[14].

Uma dupla associação se impõe, com esse texto de Horácio, e é inevitável: de um lado, com as figuras compósitas da árvore dos sonhos; de outro, com o Surrealismo: cabeça de homem + pescoço de cavalo; busto de mulher + cauda de peixe. Mas... "pintores e poetas têm o direito de tudo ousar". Eu parodiaria: pintores, poetas e sonhadores têm o direito de tudo ousar. Não estão submetidos às rígidas leis da lógica, da congruência, do princípio de identidade: estamos nos domínios do inconsciente.

Mas será necessário prosseguir, acompanhando Enéias (guiado, por sua vez, pela Sibila), na sua viagem pelo Hades, pelas regiões ínferas. Depois da descrição da árvore em que estão pendurados os sonhos, e em

---

14. Horácio, "Art poétique", em *Oeuvres Complètes*, trad. F. Richard, Paris, Garnier, 1950.

CENTAUROS LUTANDO CONTRA O LAPITA KAINEU. SÉCULO V (c. 440 a.C.), BRUXELAS.

Os Seres Engendrados pelos Sonhos

"No meio do vestíbulo (do Hades), um olmeiro opaco, enorme, estende seus ramos e seus galhos seculares, morada, diz-se, que freqüentam comumente os sonhos vãos, fixados sob todas as suas folhas. Além disso, mil fantasmas monstruosos de animais selvagens variados aí se encontram: os Centauros [...] e as Cilas biformes, e Briareu hecatonquiro, e o monstro de Lerna, assobiando horrivelmente, e a Quimera armada de chamas, e as Górgonas, e as Harpias..." (Virgílio, Eneida, VI, vv. 283-289).

Dito de outro modo, na grande árvore à entrada do Hades, estão os sonhos e os seres engendrados pelos sonhos.

1. HARPIA (PÁSSARO COM CABEÇA FEMININA). SÉCULO VI a.C. MUSEU BRITÂNICO.

2. QUIMERA (CABEÇA DE LEÃO, CORPO DE CABRA E CAUDA DE DRAGÃO). SÉCULO V a.C. AREZZO

3. HIDRA DE LERNA, COM SUAS SETE CABEÇAS DE SERPENTES. SÉCULO VI a.C. MUSEU DO ERMITAGE, ST. PETERSBURG.

ESFINGE DE NAXOS (ROSTO DE MULHER, CORPO DE LEÃO, ASAS DE PÁSSARO).
DELFOS, c. 560 a.C. MUSEU DE DELFOS.

que habitam os seres engendrados pelos sonhos, o Poeta nos mostra o imenso susto da personagem:

Tremendo com súbito espanto, Enéias desembainha sua espada e apresenta a ponta acerada aos monstros que avançam; e se a sua douta companheira não o advertisse de que se tratava de tênues almas sem corpo, que volitavam sob um envoltório sem consistência, ter-se-ia precipitado sobre elas e em vão feriria as sombras com o ferro (Virgílio, *Eneida*, VI, vv. 290-294).

O passo seguinte é a travessia do Aqueronte. Ao encontrar Caronte, o barqueiro inicialmente obsta a passagem a Enéias: "Este é o lugar de sombras, do Sono e da Noite Soporífera; não é permitido transportar na barca estígia corpos vivos" (VI, vv. 390: *Umbrarum hic locus est, somni noctisque soporae*). Com efeito, volta aqui a idéia das frágeis fronteiras que existem entre o sono e a morte já encontrada na *Teogonia*, e mesmo no nosso texto, na antecâmara dos infernos: o "sono irmão da morte". O que subjaz a isso é a idéia de que a alma deixava o corpo (temporariamente) durante o sono, como na morte. Diz Géza Róheim que a Antigüidade sempre considerou o sonho como uma viagem ao outro mundo, e o despertar como uma volta à vida. E cita Knight[15], autor para quem o *Descensus Averno*, a Descida aos Infernos, é o momento em que o próprio Virgílio desce ao mundo dos sonhos, mundo subterrâneo. Domínio da Noite, onde não entra o Sol, figuração da razão. Mundo do inconsciente. Enéias deverá ainda passar pelo terrível Cérbero de três goelas, o pescoço eriçado de serpentes, a quem a Sibila lança um bolo soporífero: "Enéias apressa-se a transpor a entrada, enquanto o guardião está sepulto no sono, e se afasta rapidamente da margem de onda irremeável".

Não deixa de dar o que pensar o fato de este monstro infernal, também ele, ser vencido pelo sono... E depois de perambular pelas várias regiões do Hades, encontrando várias personagens conhecidas, Enéias atinge seu objetivo: encontra a sombra de Anquises: "É a tua imagem,

---

15. Knight, *apud* G. Róheim, *Les portes du rêve*, p. 300.

meu pai, é a tua triste imagem, que, oferecendo-se a mim freqüentemente, me força a transpor o limiar destes lugares" (*Eneida*, VI, vv. 695-696).

Anquises irá predizer a Enéias a sorte de sua prole a vir e o destino da futura Roma. Dizem os comentaristas que se debruçaram sobre a *Eneida*, de uma maneira quase que geral (André Bellessort, Daniel Madélenat), que a descida aos infernos é não apenas o episódio central da *Eneida* – e central em todo os sentidos, como já referi – mas o marco fundamental da evolução do herói:

> Sua *Descida aos Infernos* [diz Bellessort] tem todas as características de uma maravilhosa iniciação. Doravante ele não será mais o troiano fugitivo, fustigado pelos ventos, pelas vagas, pela nostalgia e pelas paixões; o condutor de um pequeno grupo de migrantes; ele será aquele que vive no futuro, aquele a quem o presente não apresenta interesse senão na medida em que prepara dias futuros; aquele que se devota com toda sua alma às gerações a nascer[16].

Igualmente, a maior parte dos comentadores eruditos da *Eneida* são unânimes em observar que a Descida de Enéias aos Infernos tem algo de iniciático, seria uma livre transposição poética da iniciação aos Mistérios de Elêusis, cuja atração fora tão forte sobre todas as grandes personagens de Roma e sobre Augusto.

E depois de ter tido a revelação do futuro, pela sombra do pai, depois que Anquises faz a Enéias todas as predições, e "lhe acendeu o ânimo com o amor da fama que há de vir", sem transição, bruscamente, comparecem os versos finais do Canto VI – aqueles de onde partimos: "Há duas portas do Sono: uma, diz-se, é de chifre... e a outra de marfim..."

É o caso de transcrever os últimos versos do Canto VI, mais precisamente os 14 últimos versos do *Descensus Averno*:

> Depois que Anquises conduziu seu filho a todos os lugares e lhe acendeu o ânimo com o amor da fama que há de vir, fala-lhe então das guerras que terá de sustentar, faz-lhe conhecer os povos laurentes e a cidade de Latino e como poderá evitar ou suportar cada uma das provas.

16. A. Bellessort, "Introduction", em Virgile, *Enéide*, Paris, Les Belles Lettres, 1959, p. XV.

Há duas portas do sono: uma, diz-se, é de chifre, pela qual as Sombras verdadeiras encontram saída fácil; a outra, brilhante, feita de marfim refulgente de brancura, mas pela qual os manes enviam para o céu os sonhos falsos. Anquises, sempre falando, acompanha seu filho assim como a Sibila, e os faz sair pela porta de marfim. O herói corta o caminho para as suas naves e reúne-se aos companheiros. Depois, bordejando a costa, dirige-se para Caiete. A âncora é lançada do alto da proa; as popas estão na praia (Virgílio, *Eneida*, vv. 888-901).

E aqui acaba o Canto VI, o canto da Descida aos Infernos. É estranhíssimo que Anquises faça a Sibila e Enéias saírem pela porta de marfim – a porta dos sonhos falsos. Teria estado Enéias sonhando, ao longo de todo o Canto VI? Seria essa sua descida ao mundo subterrâneo, o encontro com os monstros e fantasmas, e com os mortos conhecidos, as sombras queridas, apenas um sonho? Seria, então, efetivamente, essa sua descida ao mundo subterrâneo um mergulho no inconsciente – país dos sonhos e dos fantasmas?

É extremamente significativo que esse lugar – o mundo do Hades – pareça guardar as sementes do que há de vir, o lugar onde se encontra o passado e se gesta o futuro – revelado a alguns, como numa iniciação.

Na *Odisséia*, onde Virgílio (bem como na *Ilíada*) foi buscar modelo e inspiração, há duas apresentações do país dos mortos: no Canto XI, em que Ulisses vai ao Hades para aconselhar-se com Tirésias, que lhe prediz sua volta, e onde encontra a mãe, assim como com uma multidão de mulheres, e alguns heróis; e no Canto XXIV, chamado de "Segunda *Nekya*", ou Segunda Evocação aos Mortos, onde se narra que as almas dos pretendentes, guiados por Hermes, chegam ao País dos Mortos pelas Portas do Sol.

Talvez seja interessante registrar aqui que a célebre passagem inaugural das Portas do Sonho, na *Odisséia*, não integra nenhuma das descidas aos infernos, mas comparece como comentário de Penélope ao sonho que ela tivera (dos gansos trucidados pela águia), e que ela própria interpreta como Ulisses retornado, exterminando os pretendentes (interpretação que é corroborada por aquele a quem ela narra o sonho, o "forasteiro" que é nada mais, nada menos, que o próprio Ulisses, ainda incógnito, recém-chegado).

O que Virgílio faz, no Canto VI da *Eneida*, é uma grande condensação, retomando elementos do Canto IX da *Odisséia* em que Ulisses desce ao Hades para consultar o adivinho Tirésias; do Canto XIX onde há a narração do sonho de Penélope, e o desenvolvimento de sua "teoria" das Portas do Sonho; e do Canto XXIV, a "Segunda *Nekya*", em que há a referência às Portas do Sol e ao País dos Sonhos.

Pois bem, é o caso de nos determos um pouco nessa passagem do Canto XXIV da *Odisséia*, em que se fazem essas alusões:

> Como trissam os morcegos, esvoaçando no interior de uma gruta portentosa, quando algum deles despenca do cacho, que formam na rocha agarrados uns aos outros, assim, dando gritos inarticulados, elas [as almas dos pretendentes] acompanhavam a Hermes Benfazejo, que as guiava pelas úmidas veredas abaixo. Transpuseram as correntezas de Oceano e a rocha Lêucade; passaram as Portas do Sol e o País dos Sonhos e logo chegaram ao Vergel dos Asfódelos, onde habitam as almas e espectros dos finados[17].

Também aqui, nesse "rochedo Branco"(ou rocha Lêucade, segundo a tradução seguida), no "País dos Sonhos" e nas "Portas do Sol", os comentaristas clássicos são unânimes em vislumbrar ecos da doutrina órfica. E a ligação entre a Porta (ocidental) do Sol e o País dos Mortos é evidente. Em Homero, diz Géza Róheim[18], a Porta do Sol, situada a *Oeste*, nos fins do Oceano, era a entrada do além, pela qual passavam as almas dos finados. Explica-se: o pôr-do-sol, sendo associado ao cair da noite, a noite, ao sono e o sono, à morte – "Noite... pariu Morte, pariu Sono e pariu a grei de Sonhos", já vimos na *Teogonia* de Hesíodo –, a Porta Ocidental do Sol identifica-se à Porta do País dos Sonhos.

Mas nas "Descidas aos Infernos", tanto da *Odisséia* quanto da *Eneida*, uma evidência se impõe: Ulisses e Enéias parece que aí (no encontro

17. Homero, *Odisséia*, trad. Jayme Bruna, São Paulo, Cultrix, 1993, p. 227.
18. G. Róheim, *op. cit.*, p. 293.

AS PORTAS DO SONHO   61

com Tirésias, com a mãe, com os ex-companheiros, no caso do primeiro; e no encontro com o pai Anquises, com a amante abandonada, Dido, com os guerreiros troianos, no caso do segundo) foram buscar uma revelação sobre si próprios, sobre seu destino e seu futuro – e sobre o destino daqueles que deles dependiam: no caso de Enéias, a futura Roma, o povo que engendraria. É digno de nota que em ambas as epopéias, nas descidas aos infernos os heróis encontram as figuras parentais e as pessoas que *significaram* nas suas vidas, sejam elas da família, ou companheiros de combates, ou figurantes do seu mundo afetivo. Mas todos que ambos encontram não passam disso: sombras. Tanto Ulisses quanto Enéias, quando querem abraçar, respectivamente a mãe e o pai, nada conseguem mais que estreitar o próprio peito, dada a imaterialidade dos seres com que conversavam. Assim, na *Odisséia*, conta Ulisses:

Eu, comovido nas entranhas, quis tomar nos braços a alma de minha falecida mãe. Três vezes me arrojei a ela, impelido pelo coração a abraçá-la; três vezes se evolou dentre meus braços como uma sombra ou um sonho. Em meu peito a dor se fez mais pungente e, proferindo aladas palavras, lhe disse:

– Minha mãe, porque não me esperas quando procuro abraçar-te, para, mesmo na mansão de Hades, envolvendo-nos nos braços um do outro, saciar-nos de arrepiantes gemidos? Ou és apenas um espectro enviado pela venerável Perséfone para que eu lamente em ais mais sentidos ainda? (Homero, *Odisséia*, XI, pp. 130-131).

E na *Eneida*, diz Enéias a Anquises:

Permite, ó Pai, permite que aperte com a mão direita e não te afastes do meu abraço. Assim falando, grossas lágrimas corriam-lhe pelas faces; três vezes quis lançar os braços em volta do pescoço do pai, três vezes e imagem escapou-se das suas mãos, semelhante aos ventos ligeiros e semelhante a um sonho alado (Virgílio, *Eneida*, VI, vv. 697-702).

Em ambas as passagens, absolutamente patéticas, as sombras de pai e mãe são… como sonhos.

Dizem os comentaristas que a personagem Enéias (que é um herói épico que evolui) sai desse encontro, sai de sua viagem ao Hades, transformado. Após essa descida ao mundo ínfero, mundo subterrâneo, após esse percurso iniciático, ele sai um novo homem: fortalecido no seu ego (diriam os psicanalistas), retemperado pelo encontro com suas próprias sombras (diriam os junguianos).

Em todo caso, é extremamente significativo que ambas as epopéias clássicas que fazem da *viagem* seu motivo central – viagem de Ulisses, partindo de Ítaca, de volta à sua ilha (endossando o movimento de eterno retorno do mito); viagem de Enéias, partindo de Tróia, rumo ao desconhecido, onde fundaria um novo reino (inaugurando no mundo ocidental o movimento linear e irreversível da História) – haja a presença dessa outra viagem, ou melhor, dessa outra qualidade de viagem, que é aquela ao país do Hades. E se é verdade que o *topos* da "viagem" presente na épica, repercute a idéia arraigada da VITA – VIA, do *Homo Viator*[19], é verdade também que se trata aqui de uma passagem do épico ao psicológico. *Infernus*, termo latino, significa etimologicamente "de baixo", de uma região inferior, das profundezas. Não é para outro lugar que nos conduzem as PORTAS DO SONHO.

---

19. Cf. D. Madélenat, *L'Epopée*, Paris, PUF, 1986.

3

"OUVE E INTERPRETA-ME ESTE SONHO"

Ouve e interpreta-me este sonho...

ODISSÉIA, XIX, v. 535

O canto XIX da *Odisséia* apresenta um sonho, que Penélope conta ao forasteiro que chegara a Ítaca e que, disfarçado em mendigo, era nada mais nada menos que Ulisses incógnito, retornado após vinte anos de guerra e aventuras. Ela o narra, e pede que ele o interprete.

O que este sonho pode nos revelar do mundo onírico?

À primeira vista, sua significação não apresenta problemas, pois, embutida dentro dele está a interpretação: na parte final do sonho, uma das personagens retorna e fornece a decodificação dos símbolos aí utilizados. Mesmo ficando no nível da interpretação simbólica, já se teria a oportunidade para o tratamento de questões interessantíssimas: a necessidade de um contexto associativo cultural para que essa simbolização possa se decifrar; o fato primário, básico – e aqui, cristalino – do sonho como realização de desejo; a ativação de arquétipos; a importância do significante; os processos de condensação, deslocamento, figurabilidade e elaboração secundária; e, finalmente, a construção, por parte de Penélope, de uma pequena "teoria dos sonhos ", tal como a Antigüidade os ideava, e isso baseada num jogo de palavras interessantíssimo, num trocadilho. Mas o desafio será empreender – uma vez que a própria Penélope insiste em demandar a sua significação, malgrado ser este um sonho auto-interpretado – uma leitura propriamente freudiana, psicanalítica, dessa produção onírica. (Com todas as limitações devidas ao fato de o sonhante não associar...)

Mas vamos ao sonho, tal como ele é narrado nos versos 535 a 569 do canto XIX da *Odisséia*. Diz Penélope ao forasteiro:

> Eia, porém, ouve e interpreta-me este sonho:
> Vinte de meus gansos saem da água e põem-se a comer trigo aqui em casa; eu os contemplo deleitada; vem, porém, da montanha uma águia enorme, de bico recurvo, e mata-os todos, quebrando-lhes o pescoço; os gansos jazem amontoados na sala, enquanto a águia se evola para o éter divino.
> Embora em sonho, pus-me a chorar e a lamentar; em torno de mim apinharam-se mulheres aquéias de ricas tranças, enquanto me lastimava por ter a águia morto os meus gansos. Mas ei-la que volta, pousa na ponta de uma viga do telhado e com voz humana fala, reprimindo o meu pranto: "Ânimo, filha do largamente famoso Icário; isto não é sonho, e sim uma bem augurada visão do que se vai consumar. Os gansos são os pretendentes e eu, a águia, que antes era uma ave, volto agora na pessoa de teu marido, para desencadear sobre todos os pretendentes uma morte cruel". Assim falou ela; o doce sono deixou-me e, procurando ansiosa os gansos na mansão, deparei-os catando grãos de trigo, como antes, ao lado do tanque.
> Respondendo-lhe, disse o solerte Odisseu:
> – Senhora, não devemos afastar o sentido desse sonho, para dar-lhe interpretação diversa, uma vez que o próprio Odisseu revelou como vai agir; está claro o fim de todos os pretendentes; nenhum deles escapará ao destino de morte.
> Volveu-lhe, então, a sensata Penélope:
> – Forasteiro, os sonhos são deveras embaraçosos, de sentido ambíguo, e nem todos se cumprem no mundo. Os leves sonhos têm duas portas, uma feita de chifre e outra de marfim; dos sonhos, uns passam pela de marfim serrado; esses enganam, trazendo promessas que não se cumprem; outros saem pela porta de chifre polido e, quando alguém os tem, convertem-se em realidade. Receio, porém, que não tenha saído por esta o meu sonho temeroso[1].

Como analisar um sonho em que o sonhante não associa?

---

1. *Odisséia*, XIX, vv. 535 a 569. A tradução aqui utilizada é a de Jaime Bruna, São Paulo, Cultrix, 1993.

CABEÇA DE ULISSES (DETALHE DO "GRUPO DE POLIFEMO"). IDADE HELENÍSTICA. SPERLONGA, MUSEO NAZIONALE

Esta assertiva de que nosso método de interpretar sonhos não pode ser aplicado, a menos que tenhamos acesso ao material associativo de quem sonha, exige suplementação: nossa atividade interpretativa num caso é independente destas associações – se, a saber, aquele que sonha tiver empregado elementos *simbólicos* no conteúdo do sonho. Em tais casos, usamos o que é, estritamente falando, um método secundário e auxiliar de interpretação [diz Freud na *Interpretação dos Sonhos*[2]].

E ainda refere ele certos casos, em que seria impossível chegar-se à interpretação excluindo-se o simbolismo, que se reveste, assim, de um caráter revelador.

Por esse meio, um sonho adquire um significado que, de outra forma, jamais poderia ser encontrado: enquadra-se ele na cadeia dos pensamentos daquele que sonha e sua interpretação é reconhecida pelo próprio indivíduo[3].

Pois bem, a "solução" será apelar para a decodificação simbólica, e isso será inescapável. Mas sem prescindir do método associativo: há um tipo de "associação" homóloga àquela da Psicanálise, e que eu chamaria de "associação cultural".

Explico: tentarei associar, sim, não tanto dizendo o que *me* vem à cabeça a propósito de tal ou tal símbolo, mas como um grego dos tempos homéricos supostamente associaria; esforçando-me em pôr-me na pele (melhor dizendo, na "psique cultural"...) da Penélope. Para tanto, importa buscar as associações e correlações que o contexto cultural do sonhante propiciaria: respaldar-me nas demais falas da personagem, ao longo da *Odisséia*; acionar o conhecimento que se tem de Penélope, não apenas quando ela aparece ao longo da epopéia, mas através de outras fontes mitológicas, e assim, aproximativamente, tentar inserir os símbolos na cadeia de experiências daquela que sonha; e finalmente recorrer ao uso lingüístico dos termos, mantendo, na medida do possível, uma sensibilidade atenta ao significante.

2. Freud, *A Interpretação dos Sonhos*, vol. IV da Ed. Standard Brasileira, Rio de Janeiro, Imago, 1927, p. 256, nota (será essa, aliás, a edição que utilizarei para a obra de Freud neste ensaio).
3. *Idem*, p. 384, nota.

CONTEXTUALIZAÇÃO

Assim, urge, antes de mais nada, uma contextualização desse sonho, inicialmente no seio da epopéia em que ele comparece. Ulisses está de volta a Ítaca, mas disfarçado de mendigo (um pouco envelhecido, estrategicamente, por artes da deusa Atena, sua protetora, que assim pretendia mantê-lo por mais tempo incógnito), e tendo, até o momento do relato do sonho, só se revelado ao seu filho Telêmaco. Depois de vinte anos de ausência e peripécias (sua "odisséia"), ele retorna. Encontra a mulher, fiel, ainda esperando por ele, mas numa situação limite: depois de descoberto o estratagema que ela urdira, não mais poderia postergar a decisão de aceitar em casamento um dos príncipes aqueus que a cortejavam. É importante dizer-se que esses nobres, que "pretendiam" nada mais, nada menos, que a mão de uma rainha, tinham praticamente invadido seu palácio e, sob o pretexto da espera de uma definição da mulher de Ulisses, literalmente lhe devoravam os bens, passando os dias a se banquetearem, matando as reses do rebanho de Ítaca, e bebendo todo o seu vinho.

Passo a palavra à própria Penélope, que conta ao "forasteiro" Ulisses a sua história (e isso, no mesmo capítulo em que, ao final, lhe relatará o sonho):

– Forasteiro, ai! minha grandeza, formosura e talhe os imortais destruíram quando os argivos embarcaram para Ílio e com eles seguiu Odisseu, meu esposo. Assim regressasse ele e tomasse conta de minha vida! a minha reputação seria maior e mais bela. Ao invés, vivo amargurada, tantas são as tribulações que um deus sacudiu sobre mim. Quantos fidalgos detêm o poder nas ilhas, em Dulíquio, em Same e na selvosa Zacinto, e mais quantos habitavam as cercanias na própria Ítaca de longe visível, mau grado meu me reqüestam e dissipam a fortuna. Por isso não tenho dado atenção a estrangeiros e suplicantes, nem, de maneira alguma, a arautos, que são servos do público, e deixo fundir meu coração de saudades de Odisseu. Eles me pressionam para que me case e eu venho tecendo enganos; para começar, um deus suscitou-me a idéia de instalar em meus aposentos um grande tear e pôr-me a tecer um pano delicado e demasiado longo, e daí lhes disse: "Moços, pretendentes meus, visto como morreu o divino Odisseu, pacientai em vosso ardor pela minha mão até eu

TELÊMACO E SUA MÃE PENÉLOPE, TENDO ATRÁS DE SI A TELA INACABADA. VASO PINTADO. SÉCULO V – 440 A.C. MUSEU NACIONAL ETRUSCO.

"Eles (os pretendentes) pressionam para que eu me case, e eu venho tecendo enganos..." (Odisséia, Canto XIX).

terminar a peça, para que não se desperdice o meu urdume: é uma mortalha para o bravo Laertes, para quando o prostrar o triste destino da dolorosa morte, a fim de que nenhuma das aquéias do país se indigne comigo por jazer sem um sudário quem possuiu tantos haveres". Assim falei e os seus corações altivos deixaram-se persuadir. Daí, de dia, ia tecendo uma trama imensa: de noite, mandava acender as tochas e a desfazia. Assim, por três anos, trouxe enganados os aqueus, sem que o notassem; mas quando, com o passar dos meses, se preencheram dias incontáveis, então, por artes das minhas servas, cachorras negligentes, eles vieram surpreender-me e interpelaram-me aos brados. Assim, tive de concluir o trabalho, mau grado meu, constrangida; já agora não posso evitar o casamento e não diviso outro recurso; meus pais insistem comigo para que case e meu filho se aborrece, compreendendo que eles lhe devoram o sustento, pois já é homem bem capaz de cuidar duma casa a que Zeus concedeu glória.

Odisséia, XIX, p. 225.

Esse resumo da própria história já configura a situação afetiva de Penélope: uma rainha amante, tendida no desejo da volta do seu homem, dividida entre sustentar a espera e decidir-se por um dos pretendentes que lhe dilapidam os bens. O primeiro estratagema (a tessitura do manto) falhara, mas cumpriu sua missão: ganhar tempo. E evidentemente esse manto, esse tecido, essa trama (trama quer dizer também: procedimento ardiloso!) no limite significava... tramóia. E se é verdade que "astucioso" é o epíteto privilegiado de Ulisses ao longo da *Odisséia*, pode-se dizer que sua mulher é tão astuta quanto ele, tecendo infindavelmente o manto, com o qual enganará os príncipes aqueus. A lenda do manto de Penélope, aliás, faz parte *do mito da volta (Nóstoi)* dos heróis da *Ilíada*, sobreviventes da guerra de Tróia. Amados e esperados, como Ulisses, ou aguardados mas odiados, como Agamenon. É assim que Penélope e Clitemnestra, a mulher de Agamenon, representam as polarizações absolutas desse sentimento de espera. Em ambas, uma trama é posta em ação. No caso de Penélope, a tessitura do manto tinha como objetivo enganar os pretendentes, e esperar Ulisses; no caso de Clitemnestra, que já se ligara a um amante, uma outra trama: à chegada do marido, ela lança sobre ele uma rede, em cujas malhas ele será imobilizado, e assim, assassinado, com a ajuda do amante Egisto.

A tecelagem de Penélope tem tudo a ver com a fidelidade: essa trama feita e desfeita é seu ardil com vistas a reservar-se para a volta de Ulisses. E sua fidelidade é condição para o reencontro. Penélope: a fidelidade por um fio.

E nessa linha de astúcias, e de fios, e de tramas, há toda uma tradição, na Grécia, de mulheres fiandeiras[4]. Penso em Pandora (a primeira mulher), tecelã, que aprendeu a arte das fiandeiras com a deusa Atena, cujo epíteto é exatamente Atena Penitis, a "tecelã". Mas há também Aracnê, que desafia a deusa Atena na arte da tapeçaria e acaba transformada em aranha; e Ariadne, que fornece a Teseu o fio com que ele enfrenta o labirinto. E há as Parcas, que tecem a trama dos destinos humanos. Todas, mulheres. Por que é sempre feminina a personagem que lida com o fio? Num estudo sobre a feminilidade, Freud tece uma engenhosa explicação: a arte da tecelagem teria sido uma invenção de mulheres, inspirada pelo pudor feminino. Com efeito, o pudor, diz ele, teria como finalidade primitiva dissimular os órgãos genitais, dissimular a fenda que existe no sexo feminino:

> Parece que as mulheres fizeram poucas contribuições para as descobertas e invenções na história da civilização; no entanto há uma técnica que podem ter inventado – trançar e tecer. Sendo assim, sentir-nos-íamos tentados a imaginar o motivo inconsciente de tal realização. A própria natureza parece ter proporcionado o modelo que essa realização imita, causando o crescimento, na maturidade, dos pêlos pubianos que escondem os genitais. O passo que faltava dar era enlaçar os fios, enquanto, no corpo, eles estão fixos à pele e só se emaranham[5].

Assim poderíamos dizer que, com a arte das tecelãs, o fendido torna-se defendido.

4. Cf. Gilbert Lescault, *Figurées, défigurées (Petit vocabulaire de la féminité représentée)*, Paris, Union Générale d'Editions, 1977, em que, no item "Fileuses", são elencadas várias mulheres mitológicas que lidam com o fio.

5. Freud, "A Feminilidade" (1933), vol. XXII das *Obras Completas*, Rio de Janeiro, Imago, p. 162. (A referência a essa passagem foi sugerida pela leitura de Gilbert Lescault, *Figurées, défigurées, op. cit.*)

A respeito de pudor, por sinal, há um episódio do mito de Penélope (de fontes exteriores à *Odisséia*) extremamente significativo. Trata-se da lenda que cerca seu casamento com Ulisses. Conta-se que Icário, seu pai, colocou sua mão como prêmio de uma corrida que ele instituiu entre os pretendentes que queriam casar-se com ela. Ulisses foi o vencedor. Depois de realizado o casamento, Icário pediu ao genro que não abandonasse Esparta, e que, com sua mulher, permanecessem morando junto a ele. Ulisses recusa e quer partir para Ítaca. Como o sogro insistisse, Ulisses convida Penélope a escolher entre Icário e ele próprio. Penélope nada respondeu, mas enrubesceu e, de pudor, cobriu o rosto com seu véu. Icário compreendeu que sua filha tinha escolhido, afastou-se e mandou erguer, no lugar em que esta cena tinha acontecido, um Santuário ao Pudor[6].

Para alguns mitólogos, seria esta a primeira vez que Penélope teria dado provas do seu famoso amor conjugal – e isso nessa singular escolha entre o pai e o marido. Mas o que quero reter dessa lenda é o elemento pudor, que parece marcar singularmente as ações da mulher de Ulisses. A esse episódio voltarei mais adiante.

Penélope: aquela que tece. Seu próprio nome (grego: Penelopéia) revela sua vocação: do grego *pene*, fio de tecelagem e, por extensão, trama, tecido (daí o nosso pano, do latim *pannus*). E o substantivo grego *penelope* significa: dor. Tudo se explica quando pensamos que ela vivia na nostalgia (= dor do retorno: *nostos* = volta; *algia* = dor) de Ulisses, e que o pano que tecia (que tem a ver com a morte: era uma mortalha para Laertes, o pai de seu marido) era a garantia de sua fidelidade, como que vedava o acesso de sua sexualidade aos pretendentes que a assediavam. Fidelidade e sedução articuladas.

É interessante que essa ligação entre trama e tramóia está explicitada na própria fala de Penélope, como vimos na narrativa que ela faz ao forasteiro. "Eles pressionam para que eu me case, e eu venho tecendo enganos", diz o verso 137 do Canto XIX. "Tecendo enganos": metáfora para

---

6. Cf. Pierre Grimal, *Dictionnaire de la mythologie grecque et romaine*, PUF, Paris, 1951.

sua tecelagem, para ação básica dessa rainha fiandeira – um manto, sim, mas um ardil. Mas há também, aqui, um outro tipo de "trama" que é obra de Penélope: trata-se do sonho, essa tessitura de inúmeros fios, e que, enquanto realização de desejos, é um "tecido de enganos". Pois o grande problema de Penélope não é que há os sonhos que se realizam (que passam pela porta de chifre) e os que são enganosos (que passam pela porta do marfim)?

A DECODIFICAÇÃO SIMBÓLICA

De início comecemos concordando com a interpretação feita pela águia e corroborada pelo forasteiro.

Qual a reação de Ulisses, ele que é não apenas o destinatário do relato de Penélope, seu interlocutor, mas alguém que estaria pessoalmente implicado, concernido pelo sonho?

– Senhora, não devemos afastar o sentido desse sonho, para dar-lhe interpretação diversa, uma vez em que o próprio Odisseu revelou como vai agir: está claro o fim de todos os pretendentes; nenhum deles escapará ao destino da morte.

Evidencia-se que, enquanto para Penélope, o sonho é, cristalinamente, como nos sonhos infantis, a "realização de um desejo", para Ulisses é, à maneira dos antigos, a previsão de um futuro... desejado. Ou melhor, a previsão de um futuro no qual ele inscreve seu desejo. Seria forçado demais concluir daí que esse *topos* da onírica antiga – o sonho enquanto previsão de futuro – poderia, numa certa medida, ser reconduzida à formulação freudiana do sonho enquanto realização de desejo? Pois o desejo humano está destinado a sempre ultrapassar-se, a não se deixar aplacar, a não se esgotar no agora; está sempre tendido para um mais além: para um futuro.

Diz a águia do sonho: "Os gansos são os pretendentes e eu, a águia, que antes era uma ave, volto agora na pessoa de teu marido para desencadear sobre todos os pretendentes uma morte cruel".

INDÚSTRIA TÊXTIL DOMÉSTICA

Por que é sempre feminina a personagem que lida com o fio?

Da perspectiva de uma decodificação simbólica, temos aqui duas metáforas fundamentais: águia e gansos. Não é necessário insistir em quão inequivocamente fálico é o símbolo da "ave", e desse superlativo de ave que é a águia. De refinados exemplos literários (cf. o poema "Mulher Vestida de Gaiola", de João Cabral de Melo Neto), até o uso chulo, de baixo calão (como aquele registrado pelo *Dicionário Erótico* de Horácio de Almeida, em que ganso = pênis), é o mesmo universo semântico que se recorta. O uso recorrente desse símbolo nas várias línguas vem a provar que não se trata de uma associação no nível do significante, uma associação "fônica"; trata-se antes de uma alusão morfológica, ou também funcional, em que tanto o vôo como a ereção, atributos respectivos da ave e do pênis, representariam, como diz Freud, "uma aparente vitória sobre a força da gravidade". O "pênis alado" da iconografia dos antigos só viria a confirmar tais associações. Daí, uma variedade infinita da utilização do sema "ave" para designar o mundo masculino: desde o "pintinho" do vocabulário das babás, ao "peru" e ao "gavião" dos estratos lingüísticos mais taludos.

Pois bem: mesmo se encarados sob esse denominador comum do signo masculino[7], ganso e águia se contrapõem radicalmente, configurando dois mundos:

	GANSO	ÁGUIA
Personagem	quotidiana	épica
Território	quintal	montanha
Caracterização	doméstico	selvagem
Ação privilegiada	comer	caçar
Meio de locomoção	rasteiro (vôo rasante)	alto vôo

O ganso faz parte do mundo quotidiano; Penélope os chama de "meus gansos", eles povoam seu universo familiar; a águia é épica. O espaço

---

7. Mais adiante, neste mesmo ensaio (pp. 89-91) proporei, sob uma outra óptica, uma ressignificação desses símbolos, em que, mantendo seu caráter altamente sexualizado, a metáfora ganso concernirá também – e sobretudo – o mundo feminino.

dos gansos (seu território) é o tanque do palácio de Ítaca; o da águia são as altas montanhas. Os gansos, domésticos, são alimentados pelos moradores da casa; a águia é selvagem, não suporta cuidados, que significariam uma restrição à sua liberdade. Finalmente, a atividade privilegiada dos gansos é comer: bicam o grão de trigo (tanto no sonho como, aliás, na "prova de realidade" efetuada por Penélope); a águia é guerreira.

E as associações? A proposta era de uma "associação cultural": verificar o que significariam essas imagens no mundo grego. Quais seriam as associações que "águia" e "ganso" produziriam na cabeça de um grego dos tempos clássicos? Vejamos algumas delas.

Uma das melhores fontes que se poderia ter, da Antigüidade Clássica, para tentar isso que estou chamando de "associação cultural", isto é, uma associação nos parâmetros da cultura em que foi engendrado o sonho, é o tratado de interpretação dos sonhos de Artemidoro de Daldis, a *Oneirocrítica*. É verdade que o onirocrítico da Antigüidade tem por função determinar, a partir das produções oníricas, se os acontecimentos que ocorrerão na vida do indivíduo que teve o sonho, são favoráveis ou não (fastos ou nefastos, dirão os latinos). Mas as riquíssimas observações que Artemidoro tece sobre seu assunto tornam-no uma fonte preciosa para a Antropologia, para o conhecimento da cultura grega, para a História do Imaginário. Já vimos (cf. cap. I, "O Sonho e a Literatura. Mundo Clássico") a importância que, no simbolismo onírico, Artemidoro atribui à analogia ("a interpretação dos sonhos não é outra coisa que uma aproximação do semelhante com o semelhante", diz ele). Pois bem, Artemidoro apresenta um item bastante desenvolvido, num dos "livros" em que divide seu tratado, dedicado aos sonhos com animais. Passo a palavra a ele:

É necessário colocar também em comparação os caracteres dos animais com o dos homens, e observar as disposições e os sentimentos de cada indivíduo segundo as semelhanças que ele tem com o animal correspondente. Por exemplo, os animais de grande coragem, amigos da liberdade, ativos e terríveis, predizem homens do mesmo gênero: assim o leão, o tigre, a pantera, o elefante, a águia, o gypaeto. Os animais violentos, rudes, insociáveis, predizem homens semelhantes: assim o javali e o urso. Os animais medrosos, fujões, sem nobreza, representam seres medrosos ou escravos fugitivos: assim o corvo, a lebre, o cão. Os animais lentos, inativos, velha-cos, como a hiena, representam seres lentos de espírito e inertes, e muitas vezes, envenenadores. [...] os animais que roubam abertamente representam salteadores e ladrões: assim o falcão e o lobo (IV, 56)[8].

Etc. etc.: a lista continua, interminável. Daí, vamos reter aquilo que, na realidade, já sabíamos: a águia de grande coragem, amiga da liberda-de, ativa e terrível = o herói. A águia só poderia dizer respeito a Ulisses. Mas no Livro II, 20, Artemidoro dedicará todo um item aos pássaros, e aí, de forma privilegiada, retomará o tema da águia:

> Ver uma águia pousada sobre uma rocha ou sobre uma árvore, ou sobre um lu-gar muito elevado, é bom para todos os que se engajam num empreendimento, mas mau para os medrosos. [...] Uma águia que ameaça prediz a ameaça de um pode-roso... se fala com a sua própria voz, observa-se que é bom. [...] Se uma mulher sonha que pariu uma águia, ela dará a luz um filho homem.

Mas, sobretudo, devemos a Artemidoro uma observação extremamen-te importante, que diz respeito ao significante: "Á águia significa tam-bém 'o ano presente': pois seu nome, quando escrito, não é nada senão primeiro ano " (II, 20). E numa nota, temos a explicação: *Aetós* (águia) = *a* (primeiro) + *etos* (ano). Assim, a águia do sonho significaria "o que vem no primeiro ano": a grande questão de Penélope não era saber apenas se seu marido voltaria, mas quando voltaria. A águia lhe dá a resposta: an-tes que se passe um ano. Assim, se no nível do significado, a águia, por mais de um motivo, remete ao herói, também no nível de significante por condensação, ela se refere a Ulisses. A águia (*a-etós*) não faz senão repe-tir, enquanto significante, aquilo que o próprio Ulisses diria a Penélope, à sua chegada ao Palácio de Ítaca, conversa ao fim da qual a rainha lhe narra o sonho: "Não passará deste ano e Odisseu chegará aqui, quando um mês terminar e outro estiver começando" (*Odisséia*, XIX, v. 307).

---

8. Artemidoro de Daldis, *Oneirocrítica* (*La clef des songes*), trad. J. Festugière, Paris, Vrin, 1975, IV, 56.

Ligada a esse problema, está a importância que Artemidoro atribui à "etimologia": "É preciso levar em consideração que não são inúteis para a interpretação os *sentidos etimológicos* das palavras" (III, 38). Como já vimos em inúmeros exemplos, mas aqui, especificamente, no caso da águia-*aetós*, seria antes o caso de se falar em *significante* do que em etimologia.

Mas, continuemos nesse esforço de "buscar as associações" que o contexto cultural de Penélope propiciaria: seria importantíssimo verificar quais as eventuais associações que a própria personagem faria. Diz Freud que a técnica que ele propõe difere num ponto essencial do método antigo: impõe a tarefa de interpretar à própria pessoa que sonha. Assim, não importa aquilo com que o intérprete associa, mas aquilo que ocorre à mente daquela que sonha. E então: consultemos Penélope. Ela fala a nós, na *Odisséia*. E o autor da epopéia nos relatou algo do seu dia-a-dia. E sobretudo, conhecemos um pouco do seu mundo. Assim, partindo do contexto, e da seqüência em que o relato do sonho se insere, e de onde se origina, poder-se-ia tecer, com um mínimo de eficácia, a rede eventual de associações da personagem. E haveria a possibilidade da busca de (também supostos) "resíduos diurnos", o ponto de contato desse sonho, como queria Freud, com as experiências de véspera, que teriam proporcionado o material imediato para seu conteúdo.

Quais poderiam ser os "resíduos diurnos" para Penélope? O espetáculo quotidiano dos pretendentes banqueteando-se à sua mesa? Os vaticínios e presságios, alguns dos quais ocorridos por aqueles dias, e que tinham como motivo vôos de águias trucidando gansos?

Comecemos pelo primeiro deles: ao longo de toda a *Odisséia*, mas sobretudo no capítulo que abriga o relato do sonho de Penélope, há referências às comilanças dos pretendentes devastando os bens do Palácio de Ítaca. Uma leitura superficial da epopéia revela já uma quantidade inumerável de passagens em que se faz referência à "malta de pretendentes que, sem cessar, abatem incontáveis carneiros e retorcidos bois de curvos passos"(cap. I, p. 11); aos pretendentes que "devoram impunemente o sustento alheio" (p. 14); ou à "calamidade maior" que é a invasão dos pretendentes, o que, nas palavras de Telêmaco, "em breve dissipará completamente toda a minha casa e arruinará totalmente o meu sustento" (p. 20). Assim, a ação de comer é quase que metonímica aos pretendentes, os constitui enquanto agentes. Eles comem na vida real, os gansos comem no sonho e na realidade (quando Penélope, ao acordar, os procura ansiosa, ela os vê "catando grãos de trigo, como antes, ao lado do tanque"). Os vinte gansos seriam, então, aqueles homens que rondam a casa, o palácio, disputando a mulher de Ulisses, e aqui apresentados na sua ocupação primordial mais recorrente: comendo.

Uma pergunta surge, inevitavelmente: por que *vinte*? Vinte gansos são trucidados pela águia. Ora, os pretendentes eram, segundo consta, 118. No Canto XXII da *Odisséia*, quando Ulisses, já tendo revelado a própria identidade começa a atacar os pretendentes, recebe deles a seguinte proposta: se poupasse a vida dos príncipes aqueus aboletados na sua casa, cortejando Penélope, eles iriam indenizá-lo "de tudo quanto se comeu e bebeu no solar". Diz-lhe Eurímaco, o líder dos pretendentes: "Cada um trará, como preito, o valor de vinte bois e pagar-te-emos em bronze e em ouro até se apaziguar o teu coração" (Canto XX, p. 257). Assim, vinte bois ressarciriam Ulisses do que cada pretendente teria dilapidado dos seus bens. Mas isso ainda não explica o fetiche do vinte (vinte gansos trucidados; vinte bois a serem dados por cada pretendente, ressarcindo Ulisses; vinte anos de espera, por parte de Penélope. Dificilmente se trataria de uma mera coincidência). O dicionário *Bailly*, grego-francês, fornece uma explicação razoavelmente convincente: "vinte" (grego *eíkosi*) é usado, por mais uma vez, na *Odisséia*, para marcar um número indeterminado[9]. (Mais adiante na última parte deste ensaio, uma outra explicação – tipicamente freudiana – será aventada para explicar esse número.)

---

9. "Vinte" era também o limite da contagem primitiva, por correspondência biunívoca com os dedos das mãos e dos pés; daí em diante, os indígenas, por exemplo, diziam "muitos". Ainda hoje, o francês preserva essa sobrevivência: *quatre-vingt* (que o belga diz *octante*). Agradeço esta observação a E. Diatahy Bezerra de Meneses.

DUAS ÁGUIAS E UM ANIMAL DOMÉSTICO (UMA LEBRE). VATICÍNIO.

Um segundo tipo de "resíduo diurno" de Penélope poderia ser a presença constante, no seu mundo, de eventos que eram considerados como presságios, e que tinham como motivo o vôo de certas aves, ocorridos em determinadas circunstâncias. Aliás, em grego, a própria palavra pássaro, *ornis*, significa presságio, vaticínio, augúrio. O vôo das aves era interpretado para se conhecer a vontade divina. É o caso de a gente se perguntar o que é que os pássaros têm a ver com a adivinhação. Uma resposta seria que seu vôo predispõe para servir de símbolo das relações entre a terra e o céu. Pois bem, na *Odisséia* aparecem no mínimo uns três ou quatro vaticínios baseados em eventos deste tipo, em que a matéria-prima dos presságios era a dupla gansos (ou aves domésticas) *versus* águias (ou aves selvagens[10]), e que eram considerados especificamente como premonições da volta de Ulisses (e conseqüentemente *vingança* contra os pretendentes). No primeiro deles, comparece só a águia. Após um discurso de Telêmaco, endereçado aos pretendentes, numa assembléia de aqueus por ele convocada, observando-lhes que lhe devastavam os bens, e invocando Zeus para uma "ação punitiva", algo acontece: duas águias, expedidas por Zeus do alto do pico de um montanha, turbilhonaram por cima da assembléia,

> [...] agitaram as asas rapidamente e baixaram o olhar sobre as cabeças de todos, um olhar de morte; então, laceraram-se mutuamente com os gadanhos a cara e o pescoço dos dois lados e precipitaram-se para a direita por sobre o casario da cidade.

Um dos pretendentes interpreta esse augúrio: Odisseu não continuará muito tempo longe dos seus; sem dúvida, já se acha próximo e está plantando a semente da hora da morte para todos eles (*Odisséia*, II, p. 22).

Bem mais adiante, quando Telêmaco, em suas andanças para saber do paradeiro do pai, está na Lacedemônia, despedindo-se de Menelau, acontece outro sinal:

10. Saindo da epopéia e passando para a tragédia: na *Oréstia* de Ésquilo o presságio do destino dos Atridas será dado através de uma cena de caça em que duas águias devoram uma lebre prenhe (cf. p. 167 e nota 16).

Enquanto ele assim falava, uma ave passou voando à sua direita; era uma águia e carregava nas garras um grande ganso branco, doméstico, do quintal; homens e mulheres a seguiam gritando; a águia, aproximando-se do grupo, precipitou-se pela direita, adiante dos cavalos. Vendo-a alegraram-se e o coração no peito de todos se aqueceu (XV, p. 177).

Helena, mulher de Menelau, interpreta o sinal:

Escutai-me, que eu vaticinarei como inspiram os imortais a meu coração e creio que se cumprirá. Assim como essa águia, vinda do monte, onde vive sua raça e onde ela nasceu, arrebatou o ganso criado em casa, assim Odisseu, após sofrer muitos males e errar por muitos lugares, regressará à casa e tomará vingança, ou quiçá já estará em casa, semeando a ruína de todos os pretendentes (XV, p. 178).

Ainda uma terceira vez, dá-se na *Odisséia* um presságio "ornitológico": Telêmaco está de volta a Ítaca, de volta da expedição que fizera para saber notícias de seu pai, conversando com um companheiro. Esta cena antecede seu encontro com Ulisses, que também já estava, incógnito, na ilha de Ítaca.

Mal acabara de falar, passou voando pela sua direita uma ave, um falcão, célere mensageiro de Apolo, carregando nas garras uma pomba, que depenava, esparzindo as penas pelo chão entre o barco e a pessoa de Telêmaco.

Também isso foi considerado um desígnio divino.

Pois bem, esses três episódios antecedem o sonho de Penélope. Considerados como "presságios", foram todos devidamente interpretados pelos circunstantes, que deles se serviram para seus vaticínios. Poderiam, como "resíduos diurnos", ter fornecido matéria-prima simbólica para o seu sonho? Alguns desses presságios ela pode ter vislumbrado a partir do seu palácio; mas é muito provável que eles lhe tenham sido relatados. Ou bem ela os testemunhou, ou bem ela lhes ouviu o relato.

Mas há um momento na *Odisséia*, no Canto XXII, antepenúltimo capítulo, portanto *posterior* ao relato do sonho de Penélope, em que se descreve a luta em que Ulisses, ajudado pelo filho, destroça os pretendentes.

Com efeito, aquilo que fora um sonho, para Penélope, se transforma, no relato épico, na descrição metafórica da luta real:

Quando abutres de garras aduncas e bicos recurvos baixam dos montes e remetem às aves, umas se precipitam apavoradas nas redes armadas no campo; outras, eles, arrojando-se, agarram; não há defesa nem fuga possível, e os homens se rejubilam com a caçada; assim investiram eles sobre os pretendentes pela sala, golpeando-os de todos os lados; gemidos horríveis se erguiam a cada cabeça atingida e o chão todo fumava sangue (XXII, p. 263).

O que antes era metáfora, se transforma agora em símile: "Quando abutres... remetem às aves; *assim* investiram eles sobre os pretendentes...". Trata-se, aqui, da realização plena do sonho de Penélope. A águia que ganha as alturas, que "quebra o pescoço" aos pretendentes (não haveria aí outra alusão a um símbolo fálico?) é Ulisses que, retornando, recupera sua mulher.

Assim, parece que estamos chegando a uma conclusão importantíssima: o sonho de Penélope, tal como foi interpretado no interior do próprio relato, parece não ser uma produção individual, sua, pessoal e intransferível, mas um "sonho típico" de seu contexto cultural, e de toda a sua raça. Parece que estamos diante de uma estrutura modelar, algo como um arquétipo cultural. Já vimos[11], com Dodds[12], a questão de sonhos cujo conteúdo manifesto é determinado por uma "estrutura cultural". Ele aponta que em sociedades tradicionais há tipos de estrutura onírica que "dependem de um esquema de crenças transmitidas no interior da própria sociedade" e que acabariam por determinar não somente a escolha de tal ou tal símbolo, mas o caráter do próprio sonho. É evidente que tais sonhos são parentes próximos do mito", diz ele, para quem, ainda, o que faz o sonho aproximar-se da estrutura cultural

11. Cf. capítulo I deste livro, e também as análises dos sonhos de Clitemnestra.
12. E. R. Dodds, "Structure onirique et structure culturelle", *Les grecs et l'irrationnel*, trad. Michael Gibson, Paris, Flammarion, 1965. Agradeço a Luís Dantas a indicação deste livro.

tradicional é a elaboração secundária. E é exatamente a elaboração secundária que, para Freud, tem como efeito que o sonho perca sua aparência incoerente e de absurdo, e se aproxime de uma experiência inteligível[13] – inteligível para aquele universo cultural, eu acrescentaria (voltarei a isso mais adiante).

Pois bem, tendo se aproximado, através da elaboração secundária, da estrutura cultural homérica, o sonho de Penélope é um sonho premonitório, como vimos, de uma perspectiva clássica. De uma perspectiva psicanalítica, seria um sonho típico de realização de desejo. Pois com que poderia sonhar Penélope, senão com a volta de Ulisses? Aqui, como nos sonhos infantis, a cristalinidade de uma realização de desejo. E já que se trata de gansos, e de sonhos, uma associação se impõe. Penso numa passagem da *Interpretação dos Sonhos*, que é quase anedótica. Diz Freud:

> Eu mesmo não sei com que sonham os animais. Mas um provérbio, para o qual minha atenção foi desperta por um de meus alunos, alega realmente saber. "Com que", pergunta o provérbio, "sonham os gansos?" E ele responde: "Com milho". Toda teoria de que os sonhos são realizações de desejos se acha contida nessas duas frases[14].

Pois bem, com que sonha Penélope? Com a volta de Ulisses, claro.

No entanto, há questões que, dessa perspectiva, ficam irrespondidas. Por que chora Penélope, após a morte dos gansos? E por que ela insiste em pedir a interpretação do forasteiro, apesar de ser esse um sonho auto-interpretado? E por que, malgrado a corroboração da interpretação que lhe faz Ulisses, ela continua chamando seu sonho, descabidamente, de "terrível?"[15]

---

13. Freud, *A Interpretação dos Sonhos*, p. 524.
14. Freud, *A Interpretação dos Sonhos*, vol. IV, Imago, pp. 141-142.
15. Ou "temeroso", como registra, menos precisamente, a tradução de Jaime Bruna, para o original *"ainon oneiron"*. A tradução da Belles Lettres apresenta: *"ce songe redoutable"*.

UM SONHO DE ANGÚSTIA

Vamos retomar o sonho de Penélope:

Eia, porém, ouve e interpreta-me este sonho.

Vinte de meus gansos saem da água e põem-se a comer trigo aqui em casa; eu os contemplo deleitada; vem, porém, da montanha uma águia enorme, de bico recurvo, e mata-os todos, quebrando-lhes o pescoço; os gansos jazem amontoados na sala, enquanto a águia se evola para o éter divino.

Embora em sonho, pus-me a chorar e a lamentar; em torno de mim apinharam-se mulheres aquéias de ricas tranças, *enquanto me lastimava por ter a águia morto os meus gansos*. Mas ei-la que volta, pousa na ponta de uma viga do telhado e com voz humana fala reprimindo o meu pranto: "Ânimo, filha do largamente famoso Icário; *isto não é sonho e sim uma bem augurada visão* do que se vai consumar. Os gansos são os pretendentes e eu, a águia, que antes era uma ave, volto agora na pessoa de teu marido para desencadear sobre todos os pretendentes uma morte cruel". Assim falou ela; *o doce sono deixou-me e, procurando ansiosa* os gansos na mansão, deparei-os catando grãos de trigo, como antes, ao lado do tanque.

Os grifos, evidentemente meus, apontam para elementos que merecem exame: o fato de ser este um sonho que abriga uma tristeza; um sonho no qual o sonhante é advertido de que "isto (não) é sonho"; um sonho que provoca ansiedade e que faz acordar.

É exatamente a tristeza de Penélope, sua ansiedade, o detalhe inicial que nos faz desconfiar da interpretação cristalina feita pela águia, e endossada por Ulisses. O sonho é uma realização de desejo, sim, mas qual o desejo (infantil, recalcado) que (despistadamente) estaria presente nesse sonho? Se o desejo realizado fosse, simplesmente, a volta de Ulisses, e conseqüente matança dos pretendentes, por que tanta tristeza? É interessante observar-se que esse ponto causou estranheza aos comentadores helenistas que se debruçaram sobre a *Odisséia*. Por exemplo, o já citado Dodds, no capítulo "Structure onirique et structure culturelle", faz uma curta referência ao sonho de Penélope, que vem acompanhada da seguinte nota:

Os eruditos estimaram que era um engano que Penélope nesse sonho ficasse triste por causa de seus gansos, enquanto, na realidade, ela não tem pena dos pretendentes que eles simbolizam. Mas tais "inversões de afeto" são comuns nos sonhos verdadeiros[16].

No entanto esse é um argumento que aqui não convence.

Um outro elemento provocador de estranheza é o adjetivo bastante descabido com que Penélope qualifica seu próprio sonho quando, ao construir a alegoria das portas de marfim e de chifre, ela diz: "Receio, porém, que não tenha saído por esta (pela porta de chifre, da realização) o meu sonho temeroso". Mas o texto original diz *ainon oneiron*: sonho terrível – "Isto é, o sonho que me emocionou tão vivamente" – viu-se na obrigação de explicar, em nota, outro tradutor para o francês da *Odisséia*, A. Pierron, da Editora Hachette[17]. Também Victor Bérard, na sua alentada *Introduction à l'Odyssée*, com comentários que abrangem três volumes, ao analisar o "problema interpretativo" criado pelo *ainon oneiron*, se pergunta: "Por que terrível, com efeito?"[18] – e conclui que a expressão *sonho terrível* teria sido propiciada por uma espécie de paralelismo com a expressão *dor terrível* e *fadiga terrível*, fórmulas habituais do autor da *Odisséia*. Também não convence.

Esses estudiosos manifestam estranheza, mas não conseguem dar conta dela. Ou melhor, fornecem explicações precárias. É aqui, nessas falhas na cristalina coerência com que se desenvolvia o sonho, por obra da elaboração secundária, nessa fenda, que se pode penetrar, para uma interpretação propriamente psicanalítica.

Mas antes de empreendê-la (ou de cometê-la), eu gostaria de apontar que um terceiro motivo me faz tentar uma outra leitura, que não aquela fornecida pelo próprio sonho. Constitui o pedido de Penélope:

"Ouve e interpreta-me esse sonho", diz ela ao forasteiro. Trata-se da demanda de uma escuta, e demanda de uma interpretação (e isso numa

16. Cf. Dodds, *op. cit.*, p. 128. Nota 1.
17. Pierron, *L'Odyssée*, Paris, Hachette, 1904.
18. Victor Bérard, *Introduction à l'Odyssée*, Paris, Les Belles Lettres, 1933.

situação altamente transferencial). Ouvir e interpretar: é isso que funda o agir do psicanalista. E uma vez que Ulisses só fez corroborar a interpretação auto-embutida da águia, com a qual Penélope parecia não estar satisfeita, essa demanda continua a ressoar. Pois bem, quando, com os recursos da Psicanálise, a gente se põe a tentar uma interpretação desse sonho, é como se estivéssemos tentando responder a Penélope. Vamos lá.

Se postularmos, com a Psicanálise, que é necessário vislumbrar nos pensamentos oníricos a representação de experiências infantis, ou fantasias nela baseadas, então precisaríamos descobrir qual cena infantil, modificada, por ter sido transferida para uma experiência recente, estaria aí latente. Com efeito, nesse sonho tão bem arquitetado, nessa construção tão convincente que sua interpretação parece inequívoca, há elementos que destoam, sobretudo a estranheza desse afeto deslocado. E assim, por detrás dessa fachada (contemporânea) de realização do desejo de uma rainha amante que vê concretizada, diante dos seus olhos, a volta do marido amado, e a vingança contra os pretendentes que a molestavam, desvenda-se uma arquitetura bem mais antiga (e um tanto escabrosa): é o cenário de sua infância, e, nesse palco, a realização de uma cena provavelmente por mais de uma vez testemunhada, com seu corolário de excitação, e conseqüente ansiedade.

Um sonho que faz acordar, que é considerado "terrível" por aquele que sonha, que traz uma interpretação embutida, que provoca no sonhante uma ação de despertar (Penélope se levanta e vai constatar se seus gansos estão vivos, na realidade); um sonho que carrega em si um índice de "ser um sonho" – tudo isso entra na rubrica do que Freud chama de "sonho de angústia". E todo sonho de angústia, diz ele, tem um fundamento sexual. Essa ansiedade é de natureza sexual. No sonho de Penélope, ela é chamada pela águia-Ulisses de "filha do largamente famoso Icário". Pois bem: aqui chegamos, freudianamente, ao ponto germinal da angústia de Penélope, de sua ansiedade. Poderíamos ter-nos contentado com a decodificação da águia como Ulisses – decodificação proposta e consagrada. Mas se acreditarmos, com Freud, que não apenas o sonho é uma realização de desejo, mas que esse desejo é recalcado e, portanto,

ZEUS E A ÁGUIA. VASO LACÔNICO. c. 570-560 A.C. PARIS, LOUVRE.

infantil, deveremos recuar de Ulisses a um outro, bem anterior a ele, a uma figura da infância, a esse citado Icário: o pai de Penélope.

É interessantíssimo que, no interior desse sonho, por um viés, o pai é convocado. O pai comparece. E esse sonho que faz acordar, que provoca angústia, que leva ao teste da realidade, sugere que se estabeleça um paralelismo com um sonho do próprio Freud, estudado no capítulo VII da *Interpretação dos Sonhos*, e que tem como subtítulo, exatamente, "O Despertar Causado por Sonhos – A Função dos Sonhos – Sonhos de Angústia". Passo a palavra a Freud:

> Já faz dezenas de anos que eu próprio tive um verdadeiro sonho de angústia, mas recordo-me de um deles, de meus sete ou oito anos, que submeto à interpretação cerca de trinta anos mais tarde.
>
> Foi um sonho muito vívido e nele via minha querida mãe, com uma expressão particularmente pacífica e adormecida nas feições, sendo carregada para dentro do quarto por duas (ou três) pessoas com bicos de pássaros e depositada sobre o leito. Despertei aos prantos, gritando, e interrompi o sono de meus pais. As figuras estranhamente vestidas e insolitamente altas, com bicos de pássaro, provinham das ilustrações da Bíblia de Philippson. Imaginei que deveriam ser deuses com cabeça de falcão de um antigo relevo funerário egípcio. Além disso, a análise trouxe-me à mente um menino mal-educado, filho de uma *concierge*, que costumava brincar conosco no gramado em frente da casa quando éramos crianças e que me acho inclinado a pensar que se chamava Philipp. Parece-me que foi desse menino que pela primeira vez escutei o termo vulgar para designar a relação sexual, em lugar do qual as pessoas educadas utilizam sempre uma palavra latina, "copular" e que era indicado de modo suficientemente claro pela escolha das cabeças de falcão. – [Nota de rodapé do próprio Freud]: O termo alemão de gíria que se menciona é *vögeln*, de *Vogel*, a palavra comum para "pássaro". – Devo ter adivinhado o significado sexual da palavra pelo rosto de meu jovem instrutor, que se achava bem familiarizado com os fatos da vida. A expressão das feições de minha mãe no sonho era copiada da visão que tivera de meu avô poucos dias antes da sua morte, enquanto ressonava em estado de coma. A interpretação efetuada no sonho pela "elaboração secundária" deve, dessa maneira, ter sido que minha mãe estava moribunda; o relevo funerário combinava com isto. Despertei em ansiedade, que não cessou até eu haver acordado meus pais. Lembro-me de que, repentinamente, fiquei calmo ao ver o rosto de minha mãe, como se tivesse necessidade de ser assegurado que ela não estava morta. Mas esta interpreta-

ção "secundária" já fora feita sob a influência da ansiedade que se havia desenvolvido. Não me achava ansioso porque sonhara que minha mãe estava morrendo, mas interpretei o sonho nesse sentido em minha revisão pré-consciente dele, porque já me achava sob a influência da ansiedade. Pode-se remontar a origem da ansiedade, quando a repressão é levada em conta, a um anseio obscuro e evidentemente sexual que encontrou expressão apropriada no conteúdo visual do sonho[19].

A citação é longa, mas extremamente pertinente. Como Penélope, o menino Freud desperta aos prantos, e, como ela, também vai fazer o "teste da realidade", indo verificar se o referente de seu sonho está vivo. E como Penélope, "interpreta" internamente seu sonho, para driblar a censura. Assim, a minha proposta é a de que a interpretação (embutida dentro do sonho) da águia-Ulisses trucidando os gansos pretendentes seria a *elaboração secundária de um sonho de angústia*. Mas esta "interpretação secundária" já fora feita sob influência da ansiedade que se havia desenvolvido. Parodiando Freud, eu diria que Penélope não se achava ansiosa porque sonhara que os pretendentes tinham sido mortos, mas interpretou o sonho nesse sentido na sua revisão pré-consciente dele, porque já se achava sob a influência da ansiedade.

E Freud pára na beira do abismo... desse "anseio obscuro e evidentemente sexual", que tinha sua mãe como objeto. Sugere, mas não leva adiante a sua análise.

O sonho do Canto XIX da *Odisséia* teria, assim, um conteúdo inequivocamente sexual e que, transposto para a cena infantil, só poderia ter a ver com Icário, o pai, e com a mãe de Penélope. Dessa maneira, o sonho manifesto (relacionado com a volta de Ulisses) é apenas a *fachada do sonho*, sendo que o conteúdo onírico latente ocupar-se-ia "de desejos proibidos que foram vítimas de repressão"[20]. O ego adormecido "reage à satisfação do desejo reprimido e proibido com violenta indignação", diz Freud, "e põe um fim ao sonho, com uma irrupção de ansiedade".

19. Freud, *A Interpretação dos Sonhos*, vol. V, pp. 621-622. Esse texto, fundamentalmente, servirá de respaldo para a análise (ortodoxamente psicanalítica) que passo a empreender.
20. Freud, *A Interpretação dos Sonhos*, vol. V, p. 593.

Assim, de posse desse viés, poderemos retomar a simbologia onírica de Penélope. Eu já tinha apresentado a decodificação de "pássaro" como órgão sexual masculino. A sugestão fornecida por Freud, em seu sonho, seria estender o sema "pássaro"ao próprio ato sexual (*Vogel* = pássaro; *vögeln* = copular). Pois bem, isso parece dar-se não apenas em alemão. Em português, por exemplo, "gavionar", registra o *Dicionário de Termos Eróticos*, é "aproximar-se de uma mulher para uma aventura sexual"[21]. E se é verdade, como já foi dito, que "ganso" é usado para pênis, "gansa" significa "meretriz" (há, sob essa rubrica, uma alusão à expressão obsoleta em Portugal, "filho de gansa"). E se "pássaro" é o membro viril, "passarinha", "pássara", mas também o próprio masculino, "pássaro" podem significar o sexo feminino ou, como refere o *Dicionário de Laudelino Freire*, "as partes pudendas da mulher". E mesmo em dicionários menos especializados e bem mais pudicos, como o *Caldas Aulete*, encontra-se essa conotação. Temos aqui um exemplo do duplo significado dos símbolos genitais, como queria Wilhelm Stekel (*Die Sprache des Träumes*), citado por Freud em seu estudo sobre o simbolismo onírico:

> Onde [pergunta ele] há um símbolo que – contanto que a imaginação por qualquer meio o admita – não possa ser empregado tanto num sentido masculino como feminino? (apud *A Interpretação dos Sonhos*, vol. IV, p. 382).

Afinal de contas, esse incidente sangrento entre a águia e os gansos tem tudo a ver com uma crua cena sexual, vista por uma criança, sob a óptica de luta e violência – e com um forte componente sádico. A criança, por ciúme, degrada a sexualidade dos pais, atribuindo ao pai a violência da rapina e à mãe, o gesto da prostituição. Discorrendo sobre a experiência de uma criança que testemunhara o coito parental, associado a um combate cruento, Freud observa que ela comprovaria essa opinião pelo fato de freqüentemente observar sangue na cama de sua mãe. A relação sexual dos adultos impressiona qualquer criança que possa observá-la, como algo de misterioso e que desperta ansiedade. Explica-se tal afeto, continua ele,

---

21. Horácio de Almeida, *Dicionário Erótico da Língua Portuguesa*, Rio de Janeiro, Gráfica Olímpica Editora, 1980. Agradeço a Maria Eugênia Boaventura o empréstimo desta obra.

[...] argumentando que aquilo de que estamos tratando é uma excitação sexual que sua compreensão é incapaz de enfrentar e que elas, sem dúvida, também repudiam porque seus pais se acham envolvidos nela, excitação que, dessa maneira, é transformada em ansiedade[22].

Assim, esse é um sonho de excitação sexual – o que, de resto, é comprovado por ser este também um sonho de vôo: tratava-se de uma águia de alto vôo. Freud:

A íntima relação do voar com a idéia de pássaros explica por que, nos homens, os sonhos em que voam geralmente têm um significado toscamente sexual; e não ficamos surpreendidos quando ouvimos falar que um ou outro, em seu sonho, se sente muito orgulhoso dos seus poderes de vôo[23].

E aqui a gente não poderia deixar passar despercebida uma associação que nossos ouvidos de ocidentais devedores à Cultura Clássica não poderiam não registrar: a associação fônica entre Icário e Ícaro, a figura mitológica que se construiu asas para voar.

Continuando nesse processo de ressignificação dos símbolos, da óptica de um sonho de angústia que reencenasse o coito parental, há que se retomar às metáforas da águia e dos gansos (muitas vezes, recorrendo às mesmas fontes já consultadas, mas aí descobrindo novos elementos, *porque enfocados por uma outra luz*). O respaldo virá, mais uma vez, do próprio Freud:

Os animais selvagens são, via de regra, empregados pela elaboração onírica para representar impulsos arrebatados dos quais quem sonha tem receio, quer sejam os seus próprios, quer os de outras pessoas. (Torna-se então necessário apenas um ligeiro deslocamento para que os animais selvagens venham a representar pessoas que estejam possuídas por essas paixões. Não temos que ir muito longe para os casos em que um pai temido seja representado por um animal de rapina, ou um cão ou um cavalo selvagem – uma forma de representação que lembra o totemismo.) Poder-se-

22. *Idem*, p. 623.
23. *Idem*, p. 421.

ZEUS E A ÁGUIA. ESTÁTUA EM MÁRMORE. DE ANZIO

A águia, associada a Zeus, na iconografia, tem caráter de inequívoca virilidade, e atributo específico de simbolizar o pai (Zeus = pai dos deuses).

ZEUS, O PAI DE TODOS OS DEUSES. FIGURA EM BRONZE. CABO ARTEMÍSIO. SÉCULO V – (c. 460 A. C.). ATENAS, MUSEU NACIONAL.

ia dizer que os animais selvagens são empregados para representar a libido, uma força temida pelo ego e combatida por meio da repressão[24].

A águia-pai que aparece no sonho de Penélope é caracterizada por um adjetivo: *megas* (= grande). *Megas aetós* (= grande águia). O que poderia associar Penélope a isso? Ainda uma vez, nosso caminho só poderia ser o da "associação cultural": a águia é o representante de Zeus, o pai de todos os deuses. Dicionários de símbolos de diversas tendências, em geral, reportando-se à mitologia grega, ressaltam seu caráter de inequívoca virilidade, e seu atributo específico de simbolizar o pai: "Como se identifica com o sol e a idéia de atividade masculina, fecundadora da natureza materna, a águia simboliza também o pai", diz Cirlot[25].

Bouillet[26] observa que a iconografia grega a representa aos pés de Zeus, segurando o raio entre suas garras. Jean Chevalier/Alain Gheerbrant[27], registram que para Charles Baudoin a águia é o "símbolo coletivo, primitivo, do pai, da virilidade e da potência". Jung, sempre segundo esses dois autores, via igualmente na águia um símbolo paterno.

Voltemos um pouco a Artemidoro de Daldis, já convocado por ocasião da decodificação simbólica, corroboradora da interpretação auto-embutida dentro do sonho. Para ele também, o caráter masculino da águia é inequívoco: "Se uma mulher sonha que pariu uma águia, ela dará à luz a um filho homem"[28], já tínhamos visto. Mas, e quanto aos gansos? Artemidoro analisa igualmente um sonho em que uma mulher grávida dá à luz a um ganso. Das inúmeras interpretações possíveis (dependentes das condições e circunstâncias de vida do sonhante), uma delas é extremamente significativa: "Se a criança é uma menina, ela viverá, sem dúvida, mas levará uma vida de cortesã, por causa da

---

24. Freud, *A Interpretação dos Sonhos*, vol. V, pp. 437-438.
25. Juan Eduardo Cirlot, *Dicionário de Símbolos*, São Paulo, Moderna, 1984.
26. *Dictionnaire classique de l'antiquité sacrée et profane*, Paris, Librairie Classique-Elémentaire, Belin-Madar, 1841.
27. *Dictionnaire des symboles*, Paris, Seghers, 1974, 4 vols.
28. Artemidoro de Daldis, *op. cit.*, cap. II, p. 125.

beleza dos gansos"[29]. Não estariam aí as raízes remotas da conotação de "meretriz" para gansa?

E assim como a águia é representante de Zeus, o pai dos deuses, o ganso é consagrado a Ísis, divindade feminina por excelência. (De origem egípcia, Ísis acaba se grecizando e, fundindo em si os atributos das deusas fêmeas, passa a encarnar o devotamento conjugal e a dedicação materna – o que não é desprovido de pertinência para nossa sonhadora em questão...) Essa deusa (parcialmente confundida com Deméter) tinha o trigo como um de seus atributos: o *trigo*, cujos grãos os gansos de Penélope bicam. Por outro lado, a iconografia grega sempre representou os gansos aferidos ao mundo das mulheres e das crianças, no espaço doméstico[30]. Mas as relações entre gansos e mundo feminino não param aí: o já citado dicionário de Jean Chevalier/Gheerbrant registra que na Rússia, na Ásia Central e na Sibéria, o termo "ganso" é utilizado metaforicamente para designar a mulher desejada; e que nos dias de hoje, o ganso se tornou um "símbolo da fidelidade conjugal".

A serem levadas em conta todas essas acepções, não é de se estranhar a identificação projetiva de Penélope com suas "gansas"! E nessa articulação águia/gansos como polarização mundo masculino/mundo feminino, seria importante apontar que o desconforto causado pelo fato de em português águia ser feminino, e ganso masculino (exatamente o contrário, por exemplo, do que se passa em francês) não existe em grego. Águia, *ho aetós* é masculino, e ganso, *ho/he chen*, pode ser usado tanto no masculino como no feminino. Mas em Homero, e sobretudo na *Odisséia*, mais especificamente no capítulo XIX, registra-se seu uso no feminino: *he chen*[31].

Pois bem, se o trucidamento dos gansos pela águia seria a figuração, na mente infantil de Penélope, da relação sexual de seus pais, da cena primordial, por que *vinte* gansos? Já tinha referido a interpretação dos

---

29. *Idem*, cap. IV, 83, p. 260.
30. Cf. Pierre Lavedan, *Dictionnaire illustré de la mythologie et des antiquités grecques et romaines*, Paris, Hachette, 1931.
31. Cf. *Dictionnaire grec-français*, Paris, Hachette, 1959.

filólogos (vinte = quantidade indefinida). Mas Freud fornece uma outra possibilidade de interpretação: "A repetição temporal de um ato é regularmente indicada nos sonhos pela multiplicação numérica de um objeto"[32]. Assim, o trucidamento dos vinte gansos pela águia simbolizaria a cópula (vivida como agressão) dos pais, e repetidamente presenciada pela criança. E, aproveitando essa deixa, as mulheres aquéias de ricas tranças que circundam a rainha que chora, e que são também espectadoras da cena de trucidamento, não seriam, elas também, uma figuração de Penélope? Assim como os gansos eram vinte, a espectadora da cena também era "vinte": um plural. Diz Freud que a personagem do sonho que representa o sonhante é aquela que experimenta o mesmo afeto que o sonhante. E aqui, chora Penélope, e as mulheres se compadecem. Não haveria aí algo de feminino ferido, em questão? E há um outro detalhe que aproximaria Penélope dessas mulheres: as ricas tranças, que seriam uma alusão ao trançar fios dessa rainha fiandeira, e uma espécie de Padroeira do pudor.

Talvez seja rendoso evocar aqui, de novo, aquele episódio da biografia lendária de Penélope, que já levantei: a escolha entre o pai e o marido, imposta pelas circunstâncias, e a que já me referi (p. 76) neste ensaio. Essa escolha, em geral implícita, que toda mulher faz ao deixar a casa paterna para acompanhar o seu homem, aqui recebeu uma dramatização vinda da parte do pai. Icário pressiona a filha para não deixá-lo, e Ulisses a força a decidir-se. O que sobrou desse episódio, na Antigüidade Clássica, foi o Templo ao Pudor – e o pudor, como todos sabemos, é uma formação reativa sustentada pelo investimento anteriormente colocado num sentimento sexual. Pois bem: mesmo que, como Icário, também se interprete o gesto de enrubescer e esconder o rosto com o véu (de novo, e sempre, essa mulher às voltas com um véu, um tecido, uma trama: e sempre, o pudor. Só que, nesse momento, o "escondido" encontra-se deslocado: é o rosto que ela cobre) – como significando que a escolha recaíra sobre o marido, uma coisa salta aos olhos:

32. Freud, *A Interpretação dos Sonhos*, p. 398.

AFRODITE CAVALGANDO UM GANSO. VASO ATENIENSE DO SÉCULO V A.C.
LONDRES, BRITISH MUSEUM.

E assim como a águia é representante de Zeus, o pai dos deuses, o ganso é consagrado a Isis, divindade feminina por excelência. [...] Por outro lado, a iconografia grega sempre representou os gansos aferidos ao mundo das mulheres e das crianças, no espaço doméstico.

o excessivo apego que esse pai tinha à sua filha. E não teria tudo para ser recíproco? E não estaria aqui, inclusive, a raiz dessa "fidelidade" um tanto extremada (que muitos não hesitariam em tachar de patológica) dessa rainha que se obstina a esperar por um marido que, desaparecido há vinte anos, todos reputavam perdido?[33]

Da mãe de Penélope quase nada se sabe; há mesmo dúvidas quanto à sua identidade. Do pai, conhece-se muito. Em todo o caso, essa escolha com que Penélope se vê confrontada é a escolha entre a *philia* e o *eros*: entre a afeição familiar e o amor sexual. Ou ficaria restrita ao círculo familiar, presa nas malhas da afeição dos seus, ou optaria pelo Outro, pelo estranho, o desconhecido: se abriria para Eros renovador da vida[34].

Perece que Penélope, apesar desse apego excessivo que lhe dedica o pai, conseguiu, com relativo êxito, deslocar a afeição paterna para outros objetos masculinos, ou melhor, para seu grande "objeto" Ulisses. No entanto, sua história posterior de vida revela um quadro mais complexo que o de uma simples "resolução" corriqueira do conflito edípico.

Em todo o caso, não é meu objetivo aqui analisar a "paciente" Penélope.

A minha proposta inicial era de, ao estudar esse sonho literário, perguntar-me o que poderia ele revelar-nos do mundo onírico. E se, ao analisar esse sonho (no limite da quase impossibilidade pela ausência de associações da própria personagem), elementos para o esboço de uma suposta análise, fragmentos de uma eventual "construção" analítica venham a ser sugeridos (no contexto de um EXERCÍCIO interpretativo, que

---

33. Penélope é em geral considerada como o arquétipo da fidelidade conjugal, e, como tal, é apresentada de fio a pavio na *Odisséia*: Ítaca é a ilha perdida onde o amor não murcha jamais... No entanto, há variantes da lenda (do ciclo pós-homérico), em que essa fidelidade seria colocada sob suspeita. Uma dessas variantes, por exemplo, conta que ela teria tido relações com todos os pretendentes, que, conjuntamente, a teriam engravidado do deus Pan.

34. O drama de Antígone é exatamente esse: na tragédia de Sófocles, a sua escolha não é apenas, como se diz comumente, entre a lei da cidade e a lei do coração, mas, enterrando seu irmão insepulto, ela opta pelos *philoi*, pelos seus, o que implicará a renúncia ao noivo (Hemon, filho daquele que baixara o edito proibindo o enterro de Polinice, a saber, Creonte). E assim ela se condena à esterilidade, a ser "enterrada viva" (cf. J.-P. Vernant, *Mito e Tragédia na Grécia Clássica*).

tem muito de lúdico), isso só vem a provar que o sonho é mesmo a "via real para o inconsciente"...; e que um sonho nunca pode ser analisado (mesmo que fragmentadamente, mesmo que no nível de *supostas* associações e inferências), sem que, inevitavelmente, se exponham elementos da psique daquele que sonha. E sem que, ao se fazer isso, toda história de vida (ou toda a biografia lendária...) do sonhante se veja concernida.

Seria interessante – já que podemos fazer isso, uma vez que, na *Odisséia*, há um antes e um depois desse sonho – verificar quais suas eventuais conseqüências, qual o "efeito" que ele poderia ter tido sobre o psiquismo de Penélope – e sobre sua história de vida. Logo ao fim do diálogo em que se insere o relato do sonho, Penélope transmite a Ulisses seu novo plano, seu novo estratagema, com vistas a – mais uma vez – driblar os pretendentes. Consiste em um torneio com as armas de Ulisses, e cujo prêmio será a sua mão.

Aqui repercute um arquétipo cultural de casamento: a conquista da mão da amada num torneio. E aqui ecoa algo da história pessoal lendária da própria Penélope, a que já me referi na página 76 deste ensaio.

Trata-se do mitema da *luta* como condição para a conquista da mulher, por parte de um herói: assim foi, por ocasião do casamento de Penélope com Ulisses; e assim terá que ser, vinte anos depois, por ocasião do reencontro dos dois.

Pois bem, qual o novo plano de Penélope, essa mulher que teria ficado siderada pela grandeza do herói que tivera como marido, e não conseguia reconhecer nenhum outro como seu homem? E assim como se reveste de um caráter inequivocamente sexual o estratagema que ela urde para afastar os pretendentes (a tessitura do manto – e já vimos com Freud as relações da tecelagem com o pudor), também terá uma dimensão marcadamente sexual o segundo plano, seu segundo estratagema com relação aos pretendentes, e que ela revela ao forasteiro:

> Vou agora propor uma competição com as achas de arma. Ele [Ulisses] em seu palácio, costumava dispô-las em linha, como escoras de estaleiro, doze ao todo; depois, parado a considerável distância, disparava uma flecha através dos alvados. Ten-

*E será evidentemente Ulisses, após a tentativa fracassada de cada um dos pretenden-
tes, que, empunhando seu arco, não apenas conseguirá retesá-lo cabalmente, mas fará
bom uso dele: matará todos os rivais. E reconquistará a mão de sua rainha,
a ele eternamente reservada.*

ciono agora propor aos pretendentes esta competição: quem, empalmando o arco, o retesar com mais facilidade e varar todas as doze achas com um disparo, a esse eu seguirei (*Odisséia*, XIX, p. 234).

Evidentemente, é só o seu marido, o próprio Ulisses, que conseguirá dobrar o arco e enviar a sua flecha tão longe... No entanto, antes que isso se dê – pois os pretendentes todos tentam, sem consegui-lo – há um momento edipiano interessantíssimo: é quando Telêmaco se dispõe a vergar o arco, e tentar enviar a seta do pai:

> Penso eu também experimentá-lo; se o armar e varar com a seta o olho das achas, não terei o desgosto de ver minha mãe abandonar esta mansão na companhia de outro homem, deixando-me para trás, quando já sou capaz de empunhar as magníficas armas de meu pai (*Odisséia*, XXI, p. 248).

É o momento mais edípico de toda a *Odisséia* – e eu diria mesmo o momento mais *estilizadamente* edípico de toda a literatura clássica. O empenho edipiano de Telêmaco é tão intenso que ele *quase* consegue:

> Foi em seguida postar-se na soleira e começou a experimentar o arco. Três vezes o encurvou com o fito de armá-lo e três vezes desistiu do esforço, por mais que em seu coração esperasse retesar a corda e varar as achas com a flecha. Talvez o tivesse, por fim, retesado à força, curvando-o uma quarta vez, se Odisseu não lhe tolhesse o ardor com um aceno (*Odisséia*, XXI, pp. 248-249).

E então Telêmaco, convencendo-se de que seria jovem demais, e que não estaria à altura das "magníficas armas" do pai, cede a sua vez: "Eia, porém, vós que sois mais fortes, experimentai o arco e levemos a termo a competição".

E será evidentemente Ulisses que, empunhando seu arco, após a tentativa fracassada de cada um dos pretendentes, não apenas conseguirá retesá-lo cabalmente, mas fará bom uso dele: matará todos os pretendentes. E reconquistará a mão de sua rainha, a ele eternamente reservada.

Voltemos ao sonho de Penélope. Recapitulando: um sonho que, recolocando em cena um episódio infantil provocador de excitação e con-

seqüente angústia, e altamente censurado, (1) mobiliza afetos de tristeza; (2) leva ao despertar; (3) acarreta um "teste" de realidade"; (4) traz
uma falsa interpretação embutida; (5) carrega em si índices de que "isto
é um sonho". Talvez seja o caso de se retrabalhar alguns desses elementos, já que é neles que radica a interpretação propriamente *psicanalítica*
deste ensaio.

Vou agora abordar o último desses ítens; o índice de que "isto é um sonho" (e através dele, como o fio de uma meada, virá a ciranda dos outros).
Diz Penélope nos versos 541 e ss. do Canto XIX: "*Embora em sonho*, pus-
me a chorar e lamentar". E um pouquinho mais adiante, volta a águia e diz:
"Isto *não é um sonho, mas* uma bem augurada visão do que se vai consumar". É interessantíssimo observar-se que, no verso 541, mais uma vez (aqui
também) os helenistas se acharam na obrigação de dar uma explicação como
a que explana o comentador A. Pierron:

> *En per'oneiro* – embora em sonho: embora esse massacre não fosse senão uma
> ilusão do sonho. Esta observação tem por finalidade fazer compreender o quanto as
> imagens do sonho de Penélope tinham a forma de uma realidade impressionante[35].

A necessidade de forjar, em nota, um comentário (aliás, mais uma vez,
pouco convincente), mostra que essa passagem também parece revelar uma
falha na coerência "lógica", uma brecha através da qual a interpretação
psicanalítica pode-se esgueirar. O "embora em sonho" presente no relato
onírico de Penélope evidencia a consciência de que se estava sonhando.

Para Freud, a observação "Isto é um sonho" se destinaria a diminuir a
importância do que está sendo sonhado, corresponderia a algo assim
como uma crítica ao conteúdo do sonho.

> Também, com bastante freqüência [diz ele], isso é na realidade o prelúdio do des-
> pertar: e ainda com maior freqüência foi precedida por algum sentimento aflitivo
> que é posto em repouso pelo reconhecimento de que o estado é de sonhar[36]. [...] o

35. A. Pierron, *L'Odyssée*, Paris, Hachette, 1904.
36. Freud, *A Interpretação dos Sonhos*, p. 522.

julgamento crítico derrisório, "é apenas um sonho", aparece num sonho quando a censura, que nunca está de todo adormecida, sente que foi apanhada desprevenida por um sonho que se permitiu fosse até o fim. É tarde demais para suprimi-lo, e em conseqüência a censura utiliza essas palavras para atender à sensação de ansiedade ou de aflição suscitada por ele[37].

No mesmo sentido converge a intervenção da águia, que tenta negar a dimensão aflitiva e censurável do sonho, da maneira mais radical possível – negando o sonho: "Isso não é um sonho, mas uma bem augurada visão do que se vai consumar". Ela nega o sonho (com sua ineludível característica de cena infantil de desejo despistado), substituindo-o por uma outra entidade psíquica aceitável, encontradiça no seu meio cultural: um augúrio. O sonho, problemático para Penélope, foi substituído por uma *visão* premonitória.

É o caso em que, como diz Freud[38], foi economizado o trabalho de se estruturar uma fachada para o sonho, pois já existia, disponível, pronta para ser utilizada, no arsenal cultural e imagético do sonhante, aquilo que Freud chama de *Phantasiebildung*: uma "formação imaginativa", ou uma "formação de fantasia".

Pois bem, no caso de Penélope, o conteúdo manifesto do seu sonho foi buscado nessa *Phantasiebildung*, que era o motivo da águia trucidando os gansos – um arquétipo cultural premonitório dos tempos homéricos, solidamente enraizado no solo cultural que alimenta a *Odisséia*.

E, na seqüência da utilização dessa "fachada" já pronta (que, por si, já é interpretativa), vem, como se não bastasse, a explicação verbal da interpretação: à águia se decodifica como Ulisses, e, aos gansos, como os pretendentes. Tudo isso, obra da elaboração secundária do sonho que, por sua vez, assim como as condensações e os deslocamentos, é fruto da censura. Assim, esse é um dos casos a que se referia Freud, de "sonhos que, poder-se-ia dizer, já foram interpretados uma vez, antes

37. Freud, *A Interpretação dos Sonhos*, p. 523.
38. *Idem*, p. 525.

de serem submetidos à interpretação desperta"[39]. Vemos que tal "elaboração secundária", além de emprestar caráter lógico e uma "impecável racionalidade" aos sonhos, disfarça o substrato sexual, contra o qual reagiu a censura. E o sonho, que começara com um registro de excitação (o "alto vôo" da águia), acaba em ansiedade. Pois a angústia é a face sombria do desejo, ou melhor, a angústia é a outra face do desejo, o desejo reprimido.

Mas há uma explicação mais incisiva que Freud dá para a angústia: "O desejo pertence a um sistema, o inconsciente, ao mesmo tempo em que é repudiado e suprimido pelo outro sistema, o Pré-consciente"[40]. Mas a elaboração secundária (com todos os recursos da imagética cultural) – é traída pela liberação de afeto: Penélope "inexplicavelmente" chora – não dá conta, como vimos, de driblar a censura.

> Se, mesmo disfarçada sob a máscara inocente dessa experiência recente, o desejo ainda se revelar como perigoso para o ego, este se defenderá de várias formas, a mais extensa das quais é a liberação da angústia que normalmente caracteriza o pesadelo e normalmente conduz ao fim do sonho [diz Freud][41].

E o que é interessantíssimo é que esse processo interpretativo driblador da censura continua, ou melhor, é reforçado após o despertar: o forasteiro corrobora a interpretação da águia. O que faz a águia e, depois, o próprio Ulisses, a quem é relatado o sonho, é uma interpretação do conteúdo *manifesto* do sonho; a um analista, caberia desvendar o latente. É curioso pensar-se que Ulisses se vê, aqui numa situação encontradiça na clínica, tendo que interpretar um sonho que lhe é relatado e em que entra como uma das personagens, senão como a personagem principal. Só que, como Ulisses não é psicanalista, não lhe passa pela cabeça imaginar que o caso, além de ser com ele, remonta às figuras da infância, remonta

---

39. *Idem*, p. 524.
40. *Idem*, pp. 618-619.
41. Cf. *idem*, "O Despertar Causado por Sonhos – Sonhos de Angústia", vol. V, cap. 7, item d, pp. 611-625.

ao pai. O que faz Ulisses é assumir acriticamente o papel que a sonhadora lhe atribuíra.

Num certo sentido, um dos objetivos desse estudo foi contestar a interpretação da águia no sonho de Penélope, interpretação tanto mais sedutora quanto, depois, referendada pela personagem que, no sonho, teria sido simbolizada pela águia, isto é, o próprio Ulisses em carne e osso[42], disfarçado – eu ia dizendo: deslocado – em forasteiro. Penélope conta a Ulisses (que ela não sabe que é Ulisses) um sonho que ela acha que é com Ulisses (e com o que Ulisses concorda), mas que na realidade é com outro. E nesse jogo vertiginoso de deslocamentos, condensações e transferência, se, como quer Ricoeur, "a interpretação é a resposta da lucidez à astúcia" (à astúcia do desejo, de que o sonho é o avatar), faltou lucidez ao astuto Ulisses para interpretar o sonho de sua mulher (o que, de resto, nunca seria mesmo possível).

No entanto, não há que se *corrigir* uma interpretação por outra: antes seria o caso de sobrepô-las. Os sonhos, como todas as estruturas psicológicas, via de regra têm mais de um significado:

[...] podem abranger várias realizações de desejos uma ao lado da outra, como também uma sucessão de significados ou de realizações de desejos podem ficar superpostos uns aos outros, sendo o último da base a realização de um desejo que data da primeira infância[43].

O sonho é uma teia de inúmeros fios, é também uma trama. Não é gratuitamente que Freud, a propósito dos sonhos, cita o Fausto:

Invisíveis os fios são urdidos
E uma infinita combinação se desenvolve

GOETHE, *Fausto*, Parte I, Cena 4.

---

42. "Carne e osso"... literários.
43. Freud, *A Interpretação dos Sonhos*, p. 233.

E nesse sonho de Penélope, mais do que nunca vemos a tecelã em ação: o sonho é o paradigma de uma tessitura de muitos fios, um tecido (de enganos?) que, contrariamente ao longo manto da rainha fiandeira, é tecido durante a noite, e se desfaz à luz do dia.

* * *

Agradeço a Renato Mezan e a Diatahy Bezerra de Menezes a simpática leitura (acompanhada de sugestões) do texto original deste capítulo.

4

"A SERPENTE SOU EU"

Uma tragédia grega na qual o cenário é dominado pelo túmulo de um pai, túmulo que se transformará quase que numa personagem; uma peça em que campeia, avassaladora, a angústia; em que o entrecho gira em torno de um matricídio, cometido por um filho, mas insuflado pela filha, possuída de um ódio entranhado à mãe; uma peça, finalmente, que contém um sonho que a estrutura, sonhado por uma das personagens e imediatamente interpretado por outra, que nelas se vê simbolizada, e que se esmerará por fazê-lo cumprir-se: *As Coéforas* de Ésquilo são um prato cheio para Psicanálise. Talvez até cheio demais, com risco de indigestão. Por isso, não vou pretender explorar todos os seus elementos (vã pretensão, aliás), mas vou me debruçar sobre um deles – com a consciência, por sinal, de que, querendo ou não, através dessa ponta, todo o novelo se desdobrará. E esse elemento é o sonho de Clitemnestra, ao qual se faz referência já na primeira cena da tragédia. Com efeito, os versos iniciais aludem a um sonho ameaçador que a rainha tivera. Diz o coro:

Numa nítida linguagem que eriça nossos cabelos, o profeta que nesta morada fala pela voz dos sonhos, soprando vingança do fundo do sono, em plena noite, no coração do palácio, proclamando seu oráculo num grito de pavor, acaba de abater-se pesadamente sobre os aposentos das mulheres. E interpretando estes

MÁSCARA DE AGAMENON. BRONZE. SÉCULO XVI a.C. MUSEU NACIONAL DE ATENAS.

Estamos mergulhados num clima de obscuros preságios, de angústias sem fundo, da presença fantasmática de um morto não vingado, cujo túmulo domina o cenário, e cuja presença rouba a cena dos demais protagonistas.

sonhos, os homens cuja voz tem os deuses por garantia, proclamam que, sob a terra, os mortos asperamente se lamentam e se irritam contra seus assassinos (vv. 32 e ss.)[1].

Estamos mergulhados num clima de obscuros presságios, de angústias sem fundo, da presença fantasmática de um morto não vingado, cujo túmulo domina o cenário, e cuja presença rouba a cena dos demais protagonistas.

A primeira questão que este trecho apresenta – um problema de estabelecimento textual interessante – é que, dizem os helenistas[2], os manuscritos apresentam um texto metricamente inaceitável, onde figura o termo *Phoibos* (= Febo, Apolo, oráculo), que alguns especialistas substituem por *Phobos* (= medo). *Phoibos/Phobos*: importaria precisar qual o termo originalmente empregado? É irretorquível que as duas idéias, de oráculo e de medo, em sua interassonância no original grego, estão intensamente presentes e respaldadas pelo contexto. Diz Jacqueline Romilly, que dedicou um livro ao problema do medo e da angústia no teatro de Ésquilo, que aqui o medo, personificado, toma voz. O grito de pavor de Clitemnestra (que será retomado no v. 535) identifica-se com a voz deste "profeta dos sonhos": ambos redutíveis a uma manifestação do inconsciente. Aliás, para esta autora o medo esquiliano, na sua brutalidade incontrolada, testemunharia o quanto os gregos admitiam todo um mundo de forças irracionais.

Mas embora a tragédia se inicie com essa referência ao sonho de Clitemnestra, é só posteriormente, no exato centro do drama[3], que ele será relatado pelo Corifeu (e interpretado por seu interlocutor). No

---

1. Ésquilo, *As Coéforas*. O texto utilizado foi o da edição bilíngüe da Belles Lettres (4ª ed., Paris, 1949), cuja tradução francesa (de Paul Mazon) segui em linhas gerais, com pequenas alterações após cotejo com o original grego.
2. Cf. Jacqueline Romilly, *La crainte et l'angoisse dans le théâtre d'Eschyle*, 2ª ed., Paris, Les Belles Lettres, 1971, p. 82, nota.
3. "Centro" no que diz respeito também à estrutura física da tragédia, quanto ao número de versos: a peça tem 1076 versos, e o sonho é narrado dos versos 523 a 540.

entanto, ao longo de mais de quinhentos versos, ele permanecerá surdamente como pano de fundo, ameaçador e sombrio, contribuindo para a angústia difusa que impregna o ambiente, intensificando o clima de sinistros augúrios: pois, se não nos foi revelado ainda seu conteúdo, sabemos já de sua significação: "sob a terra, os mortos lamentam-se asperamente, e irritam-se contra seus assassinos (v. 39).

E aqui impõe-se um parêntese. A compreensão desse enredo exigirá que se leve em conta não apenas a peça em questão, *As Coéforas*, mas que recuemos à primeira tragédia da trilogia na qual ela se insere, a *Orestíada* (composta por *Agamenon*, *As Coéforas* e *As Eumênides*), integrando um mesmo conjunto lendário.

Na primeira das peças da trilogia, *Agamenon*, narra-se a volta do rei dos Atridas a seu palácio, onde sua mulher Clitemnestra – profundamente ferida pelo sacrifício, dez anos atrás, de Ifigênia (imolada pelo pai como condições para que os deuses permitissem a partida das tropas dos aqueus para a guerra de Tróia) – o espera com rancor no coração. Assim, logo que Agamenon desembarca vitorioso, de volta de Tróia, Clitemnestra, ajudada pelo amante Egisto, lança sobre ele uma rede que o imobiliza e o assassina, a ele e à profetiza Cassandra, presa de guerra e amante do rei. A peça termina com o Coro evocando Orestes, o filho: "A menos que um deus guie Orestes até nós!" (*Agamenon*, v. 1667).

É este o gancho que se estabelecerá com a segunda peça, *As Coéforas*. Sete anos após esses acontecimentos, Orestes, que era menino por ocasião do assassinato de seu pai e que fora então afastado de Argos por sua irmã Electra, retorna, chegando à idade de homem, para reconquistar seus direitos. Insuflado por Apolo, que lhe comanda a Vingança, ele se dirige imediatamente ao túmulo do pai. E no momento em que depõe como oferenda um anel de seus cabelos, percebe aproximar-se um cortejo de mulheres, encabeçado por sua irmã. Com efeito Clitemnestra, inquieta por um sonho ameaçador, viu-se impelida a tentar pacificar a alma do morto e encarrega Electra de tal missão. Após a cena famosa do reconhecimento dos irmãos, e após a

CENA DE *AS COÉFORAS*, DE ÉSQUILO. CERÂMICA. ELECTRA SENTADA À BEIRA DO TÚMULO DE AGAMENON, ENQUANTO CHEGAM ORESTES (À DIREITA) E O DEUS HERMES.

prece que ambos endereçam ao pai morto (que só então é chorado como manda o rito) e a quem lembram que, na morte, ele sobrevive através de seus filhos, Orestes pergunta ao Corifeu por que teria Clitemnestra enviado libações ao túmulo de Agamenon, "tentando pacificar tarde demais um mal que não tem cura". Com a resposta do Corifeu, trava-se um diálogo entre os dois, através do qual o sonho é narrado:

CORIFEU – … Foram sonhos, terrores que inquietam suas noites, que a fizeram saltar de seu leito para enviar estas libações, aquela mulher ímpia!
ORESTES – Mas o próprio sonho, podes me contar?
CORIFEU – No sonho pareceu-lhe parir uma serpente[4], segundo suas próprias palavras.
ORESTES – Como termina este sonho? Conta-me até o fim!
CORIFEU – Ela envolveu a serpente em fraldas, como a uma criança.
ORESTES – E de que vivia esse monstro recém-nascido?
CORIFEU – Ela própria, em seu sonho, lhe dava o seio.
ORESTES – E o seio não se feriu por um tal monstro?
CORIFEU – Feriu-se! E o sangue se misturou ao leite.
ORESTES – Eis o que bem poderia não ser uma mera visão!
CORIFEU – Ela acordou do sonho e gritou de pavor. Imediatamente, as tochas, às quais a treva fechara os olhos, reacenderam-se em multidão pela casa, à voz da senhora. Foi então que ela enviou estas oferendas fúnebres, esperando aí encontrar um alívio para seus males (vv. 523-539).

Até aqui, o relato "objetivo" do sonho, construído com a ajuda das intervenções de Orestes, que aí intercala também o seu desejo: "Eis o que bem poderia não ser uma mera visão!"

Mas a seqüência do diálogo é extremamente importante: o interlocutor se vê concernido pelo sonho, apresenta-se como uma de suas personagens e o interpreta, aí inscrevendo seu desejo:

ORESTES – Rogo à terra que me sustém, rogo ao túmulo de meu pai, que me deixe realizar este sonho. Vede, eu o interpreto, cercando-o de perto: se, saída do

4. Serpente: o termo original aqui é *drakon*.

ELECTRA E ORESTES LADEANDO O TÚMULO DO PAI, AGAMENON.
ACIMA, EM AMBOS OS LADOS, FIGURAS DE ERÍNEAS.

Ânfora século IV (c. 320 a.C.)

mesmo ventre que eu, esta serpente[5], assim como uma criança envolvida em fraldas lançou sua boca ao mesmo seio que outrora me alimentou, e ao doce leite de
uma mãe misturou sangue – enquanto a mãe, horrorizada, gritava de dor – é preciso, como ela o deu ao monstro que a aterrorizou, que ela me dê também seu
sangue e – sou eu a serpente! – sou eu que a matarei, assim como prediz seu sonho (v. 540).

"A serpente sou eu", diz Orestes: no grego, *ekdrakontotheis d'ego:*
literalmente, "eu, transformado em serpente". Estabelece-se uma in-
versão: Orestes se apropria do sonho da mãe, é como se ele o tivesse
sonhado, e o desenvolvimento da peça nada mais será que a realização desse sonho – que ele se imporá como uma missão. Sim, o sonho
é a realização do desejo de Orestes: mas qual desejo? O desejo cons-
ciente de matar a mãe, cumprindo a lei do talião e a ordem de Apolo,
ou o desejo de possuí-la sexualmente, no coito sádico que os psicanalistas[6] vêem figurado na imagem da serpente que morde o seio da
mulher que a parira? Um sonho já decodificado, já interpretado: qual
seria o sentido de abordá-lo? Minha proposta, no entanto, não vai
por aí. É que tal sonho – absolutamente central na tragédia, e que,
como eu já disse, num certo sentido a estrutura – fornece margem
para um estudo da simbologia, da metáfora, que eu gostaria de empreender: especificamente, da metáfora da serpente, em toda a sua
riqueza de desdobramentos.

Um caminho extremamente interessante seria rastrear essa imagem
do sonho de Clitemnestra ao longo da peça em que ele surge, ao mesmo tempo em que no imaginário grego clássico. Uma primeira obser-

---

5. Serpente: o termo original aqui é *ophis.*

6. Para o exame desse sonho de uma perspectiva ortodoxamente psicanalítica, remeto ao estudo bastante completo e pertinente de André Green, *Oreste et Oedipe dans la Tragédie,*
Paris, Les Editions de Minuit, 1969. Sem querer entrar no absolutamente estéril procedimento dos "diagnósticos" de personagens literárias, registro por curiosidade que para A.
Green, Orestes seria psicótico, enquanto para Melanie Klein ("Algumas Reflexões sobre *A
Orestia", O Sentimento da Solidão,* Rio de Janeiro, Imago, 1925) trata-se de um caso de
transição entre a fase esquizo-paranóide e a fase depressiva do neurótico. Mas creio que isso
não lança muitas luzes sobre a significação da peça.

vação quanto a este levantamento diz respeito à riqueza e diversidade de termos utilizados no grego, em *As Coéforas*, para "serpente": *echidna* (vv. 249 e 994: nos dois casos, aplicados a Clitemnestra, na acepção de víbora); *drakon* (vv. 527, 549, 1047 e 1049); *ophis* (vv. 543 e 928). E se formos sair da tragédia esquiliana e ampliarmos o campo para o mundo grego em geral, a lista cresce. O tradutor francês da *Oneirocrítica* de Artemidoro de Daldis, Festugière, em nota de rodapé ao item "Répteis" desse extraordinário "Tratado de Sonhos" da Antigüidade Clássica, elenca vários sinônimos para "cobra": *drakon (Pytho* ou jibóia), *ophis* (toda espécie de serpente), *aspis* (áspide), *echidna* (víbora), *hydros* (cobra), *druïnas* (víbora que se esconde nas raízes dos carvalhos ocos), *pareïas* (cobra "bochechuda" que freqüentava os santuários de Epidauro), *physalos* (uma espécie de sapo venenoso), *seps* (uma espécie de víbora, sobre a qual os antigos não estão de acordo), *dipsas* (uma serpente muito venenosa, cuja mordida dá uma sede atroz, *diphas* (o mesmo que *dipsas*)[7]. Tal variedade sinonímica (que faz lembrar os termos variadíssimos que o *Grande Sertão: Veredas* de Guimarães Rosa apresenta para dar conta de "diabo") só vem a mostrar a presença marcante dessa realidade no imaginário grego.

Mas o que "serpente" poderia vir a significar, em *As Coéforas*, no sonho de Clitemnestra? Descartemos, de início, o por demais evidente símbolo fálico que ela sugere. Se nos puséssemos no que eu chamo de "psique cultural" da personagem, a primeira associação talvez fosse "animal ctônico". A serpente entre os antigos representava algo vindo do mundo dos mortos, das regiões subterrâneas, do mundo infernal. Sobre a serpente, diz Artemidoro de Daldis que "por assim dizer, ela conduz à terra, pois ela própria é filha da terra e na terra tem sua morada" (*Oneirocrítica*, II, 13).

Dessa perspectiva, a serpente representaria Agamenon, o marido assassinado, na mesma medida em que, na *Eneida*, o pai morto de

---

7. Cf. nota do tradutor em Artemidoro de Daldis, *Oneirocritica*, trad. francesa de J. Festugière, Paris, J. Vrin, 1975.

Enéias, Anquises, surge figurado por uma serpente em meio ao sacrifício de celebração de um ano de sua morte, oferecido junto ao seu túmulo:

> Enéias dissera tais palavras quando, das profundezas do santuário, uma serpente imensa, escorregadia, que arrastava sete anéis, sete espirais, enrolou-se tranqüilamente no túmulo e deslizou por entre os altares. [...] Enéias ficou aterrado com a visão. A serpente, coleando finalmente com seus longos anéis, deslizou entre as taças e os polidos vasos, libou as iguarias e de novo se retirou, inofensiva, para o interior do túmulo e deixou os altares onde se tinham consumido as oferendas[8].

Tal é, aliás, a interpretação que os oniromantes, aqueles que predizem o futuro a partir dos sonhos, fazem no início da peça As Coéforas, no já referido trecho dos versos 39 e ss.: "sob a terra, os mortos se lamentam asperamente e irritam-se contra seus assassinos".

É essa também a interpretação inequívoca de Clitemnestra, uma vez que a rainha, após despertar, envia libações aplacatórias ao túmulo de Agamenon. O matricídio – realização cabal do sonho – será, assim obra do morto, será guiado pelas potências infernais. Sabíamos, até então, que a ordem de vingar o pai provinha de Apolo, e do próprio Zeus. A partir de agora temos não apenas os deuses olímpicos – Apolo à testa – a insuflar a vingança em Orestes, mas também as divindades infernais, do mundo ctônico, manifestadas através do sonho, irrupção da esfera do demoníaco. Aliás, Aristóteles, em seu tratado Da Adivinhação Através dos Sonhos, diz que os sonhos têm uma natureza "demoníaca", não divina (afirmação que intrigou profundamente a Freud, que se recusa a comentá-la, alegando não dispor de conhecimentos específicos, para dar conta do que daimon significaria na cultura grega). O helenista Karl Reinhardt refere que, enquanto na Odisséia só se conhecia, a respeito desse mito, a autoridade olímpica a instigar o braço vingador de Orestes, aqui na tragédia – e essa é uma

---

8. Virgílio, Livro V, vv. 82 e ss.

marca do próprio Ésquilo – surge este outro poder instigador, simétrico e complementar, das potências das profundezas: "assim, duas motivações diversas se chocam, e esta dualidade de origem é o que empresta ao crime sua verdadeira ambivalência"[9].

Mas antes de aprofundar o estudo do sonho de Clitemnestra, eu gostaria de, saindo um pouco do sonho, rastrear a metáfora de *serpente* na tragédia, articulando-a, como já tinha proposto, ao imaginário grego em geral.

E, surpreendentemente, em seu primeiro surgimento em *As Coéforas*, a metáfora da serpente diz respeito a Clitemnestra, sendo Agamenon aí figurado como "águia". Aqui, a víbora infame é Clitemnestra, que matou a águia real e agora ameaça sua ninhada. Ainda no início da peça, quando os dois irmãos se reconhecem ao pé de túmulo paterno, Orestes, emocionado pelo encontro, eleva a Zeus uma prece:

Zeus, Zeus, vem contemplar nossa miséria. Vê: os filhotes da águia perderam seu pai; ele morreu nas espirais, nos nós de uma víbora[10] infame, e a fome devoradora oprime seus órfãos, pois eles não têm idade de trazer ao ninho a caça paterna. A nossa sorte é a mesma, a minha e a de Electra: em nós tu podes ver filhos sem pai, ambos igualmente banidos de sua casa. Se tu deixares morrer esta ninhada de um pai que outrora foi teu sacerdote e te cumulou de homenagens, onde encontrarás uma mão tão generosa a te oferecer ricos festins? Se deixares perecer a raça da águia, não saberás mais enviar à terra sinais que ela acolha com fé; da mesma maneira, se deixares secar até as raízes esta raça real, quem então servirá teus altares, nos dias de sacrifício? Protege-nos: nossa casa está arrasada, mas tu podes elevar sua grandeza, por mais decaída que ela pareça hoje (vv. 247-263).

Pois bem: a luta da águia com a serpente constitui um *topos* arquetípico do imaginário grego, presente na literatura clássica. O confronto entre esses dois animais aparentemente tão diferentes parece ter impressionado desde sempre os humanos. E, no entanto, há secretas afinidades entre os dois, sua relação se dá em mais de um nível, desde

---

9. Karl Reinhardt, *Eschyle-Euripede*, trad. E. Martineau, Paris, Ed. Minuit, 1927, p. 141.
10. Serpente: o termo grego aqui é *echidna*.

os avatares fálicos de serpente e de pássaro, até, na polarização pássaro/serpente, a dialética entre o ser da terra, que adere ao solo, rastejante, e o ser do ar, que se eleva em vôo, buscando alturas. No arco tensionado e sinuoso da serpente que arma o bote, prefigura-se a ave pronta a alçar vôo, na concentração de energia que precede o decolar. Não é para Valéry que a serpente é um "reptile aux extases d'oiseau"?

Mas volto aos antigos. O estudo que faz Jean Dumortier[11] sobre as imagens na poesia de Ésquilo sugere uma pista interessante: buscar em autores significativos, entre os clássicos, a quais realidades de conhecimento científico de posse dos gregos poderiam corresponder as imagens da poesia. É assim que ela rastreia esta imagem em Aristóteles e Plínio, o Velho. Vejamos o que diz Aristóteles na sua *História Natural dos Animais*[12]: "A águia e a serpente guerreiam entre si, pois a águia se alimenta de serpentes" (*História Natural dos Animais*, IX, L. II, 3); "As serpentes são mais servis e fazem armadilhas"(*HNA*, I, L. I, 14).

Quanto a Plínio, o Velho, autor dessa espécie de enciclopédia para a história da ciência na Antigüidade, que é sua *História Natural*, após ter contado o combate da águia e do cervo, acrescenta:

> A luta com a serpente é mais viva e muito mais incerta, embora se passe no ar. A serpente procura os ovos da águia com uma ávida maldade; por esta razão, a águia a arrebata, em qualquer lugar que a perceba; esta, com seus múltiplos nós, lhe ata as asas, enlaçando-a de tal maneira que caem as duas (*História Natural*, X, 5)[13].

É assim que se configura a serpente, nesses textos "científicos": caráter servil, propensão às ciladas; ávida maldade. Mas também em passagens da épica e da lírica o mesmo padrão se verificará: na *Odisséia*, quando Heitor espera Aquiles com uma fria cólera, é a serpente

11. Jean Dumortier, *Les images dans la poésie d'Eschyle*, Paris, Les Belles Lettres, 1935.
12. Aristóteles, *História Natural dos Animais*, apud J. Dumortier, *op. cit.*, pp. 89-90.
13. *Apud* J. Dumortier, *op. cit.*, p. 89.

CILA (BUSTO DE MULHER, CABEÇAS DE CÃES SAINDO DE SUA CINTURA, CAUDA DE SERPENTE).
EGINA, 460 A.C. MUSEU BRITÂNICO, LONDRES.

Fêmea assassina do macho, eu vejo nela... De qual monstro odioso – serpente com duas cabeças, Cila que jaz nos rochedos, flagelo dos marinheiros – poderia eu emprestar o nome para dar o que ela merece, a esta mãe em fúria, saída do Inferno, que contra todos os seus só vive uma guerra sem trégua? (Ésquilo, Agamenon, v. 1233).

que espreita o viajante. E o poeta lírico Teognis faz dela o símbolo do amigo pérfido: "Vai-te com o ódio dos deuses, e a desconfiança dos homens; carregas em teu seio uma fria serpente malhada" (v. 601).

Chegando aos trágicos, J. Dumortier levanta essa imagem na *Antígone* de Sófocles: "E tu também, como uma víbora te insinuas no meu palácio, à minha revelia, para me sugar o sangue" (v. 531). Mas será Ésquilo, principalmente, que apresentará a maior gama de exemplos: nas peças *Sete Contra Tebas, Os Persas, Os Suplicantes*, a imagem surge, com a conotação de "serpente cruel", "serpente assassina", "hóspede funesto para a ninhada". E já na primeira peça da trilogia que nos ocupa, *Agamenon*, Ésquilo brindará Clitemnestra com o epíteto de serpente:

> Fêmea assassina do macho, eu vejo nela... De qual monstro odioso – serpente com duas cabeças, Cila que jaz nos rochedos, flagelo dos marinheiros –, poderia eu emprestar o nome para dar o que ela merece, a esta mãe em fúria, saída do Inferno, que contra todos os seus só vive uma guerra sem trégua (v. 1233).

Cassandra chama aqui a rainha de *amphisbaina* – uma serpente de duas cabeças, da qual segundo a referência de J. Dumortier, Plínio dirá: "A *amphisbaina* tem duas cabeças, o que quer dizer que também pelo rabo, como se um orifício só fosse muito pouco – brota o veneno" (*H. N.*, VIII, 35).

Todas essas utilizações da metáfora da serpente remetem para o delineamento da característica fundamental de víbora como o animal por excelência da perfídia, que mata aquele que a aquece ao seio, que se insinua: Clitemnestra matando à traição o marido que retornara à casa – mas também Orestes entrando no palácio através de um estratagema e assassinando a mãe, como se verá mais adiante.

E assim estamos de volta ao sonho que estrutura a peça. Dizem unanimemente os helenistas que se ocuparam do assunto, que Ésquilo ter-se-ia inspirado, para a construção do sonho de Clitemnestra, no poeta Estesícoro (que viveu entre VII e VI a.C.), que também compusera uma *Orestíada* em vários cantos, dos quais só nos restam alguns versos. Pois bem, um dos fragmentos de Estesícoro, de sua *Orestíada*, diz o seguinte, relativo a Clitemnestra: "Ela acreditou ver uma serpente[14] que avançava sobre ela, o alto da cabeça ensangüentada; depois se transformou, e foi o rei, o Plistenida, que apareceu"[15].

O Plistenida é Agamenon, descendente de Plisteno. A rainha assassina vê em sonhos o marido ferido avançar sobre ela, sob a forma de uma serpente com a cabeça ensangüentada; e depois a serpente se transforma no rei. Já falei da associação, fundamental para os gregos clássicos, de "serpente" como animal ctônico, representante do mundo das potências infernais. E já que estamos na metáfora de um sonho, vale recorrer, de novo, à *Oneirocrítica* de Artemidoro: "Serpente (*drakon*) significa 'rei' devido à sua força, e 'tempo' devido ao seu comprimento..." (II, 12-13).

Mas há ainda uma outra interpretação do onirocrítico, em que o elemento sexual assume o primeiro plano. Falando do sonho de "parir uma serpente", Artemidoro intenta mostrar que o importante é achar analogias[16] (pois o princípio analógico é o que rege a decifração alegórica), levando-se em conta o perfil (humano e social) do sonhante. Assim, ele dá várias "interpretações" para esse mesmo sonho, e uma delas nos interessará de perto, por causa das ressonâncias que provoca:

> Uma outra [mulher] teve o mesmo sonho e seu filho tornou-se um devasso cheio de impudência, e violou um bom número de mulheres na cidade: a serpente, com efeito, insinuando-se nos mais estreitos buracos, procura escapar aos olhares daqueles que a observam. Além disso, a mulher era lasciva e se prostituía (IV, 67).

---

14. Serpente: o termo aqui é *drakon*.

15. Cf. Bergk, *Poetae Lyrici Graeci*, t. III, fr. 42, *apud* Maurice Croiset, *Eschyle. Études sur l'invention dramatique dans son Théâtre*, Paris, Les Belles Lettres, 1928, p. 170.

16. Artemidoro: "Pois a interpretação dos sonhos não é nada senão uma aproximação do semelhante com o semelhante"(II, 25). E aqui encontramos um eco da intuição fecunda de Aristóteles, que termina seu estudo *Da Adivinhação Através do Sonho* com a afirmação de que "o mais hábil intérprete dos sonhos é aquele que pode observar as analogias" (*De Divinatione per Somnum*, trad. R. Mugnier, Paris, Les Belles Lettres, 1965).

Voltemos a Estesícoro, que nos fornece um sonho com uma metáfora decodificada no próprio sonho: a serpente se transforma no rei. Ésquilo, que indubitavelmente aí se inspira para sua metáfora, mantém a polivalência da imagem. Pois no sonho de Ésquilo, a serpente que, parida pela rainha, lhe morde o seio (interpretada por Orestes como sendo ele próprio), na realidade é uma grande condensação. Na medida em que Clitemnestra sonha ter parido a víbora, serpente diz respeito, inegavelmente, a Orestes; mas como serpente é o animal ctônico por excelência, deve referir-se a um morto (e é essa, como já observei, a interpretação da própria Clitemnestra): é Agamenon. Essa identificação de pai e filho faz-se de maneira muito forte no âmbito da imagem: a serpente – e aqui já se impôs o viés da psicanálise – é o pênis de Agamenon penetrando a mulher, ao mesmo tempo que é a criança-falo sendo parida[17]; enquanto que sugar-morder o seio é – ao mesmo tempo amamentação e coito sádico[18]. Além disso, a serpente que, parida pela mulher, lhe morde o seio – é uma representação estilizada do uróboro (serpente que morde a própria cauda), figuração da totalidade. O círculo se fecha, recompondo a unidade mãe-filho. E no momento em que Orestes interpreta o sonho de sua mãe – o momento de "a serpente sou eu!" – ele ao mesmo tempo se identifica com seu pai, e com sua mãe, a víbora pérfida e assassina; em que a serpente, que fora a assassina de Agamenon, agora é a assassina de Clitemnestra (pai e filho *ao mesmo tempo*); nesse momento em que Orestes endossa o sonho de sua mãe, e que na produção onírica de Clitemnestra ele inscreve seu próprio desejo – nesse momento Orestes sonha o sonho de sua mãe. E esse é um sonho edípico. No entanto, o "sonho de Édipo"[19] (é sob essa rubrica que Artemidoro de Daldis dedica um

---

17. Nesse momento, Clitemnestra é a mulher fálica por excelência, ostentando o brasão de ter um falo.
18. Cf. A. Green, *op. cit.*, p. 69, nota 6.
19. "Quantos mortais já não dormiram com a mãe em sonhos!" são as palavras de Jocasta, no 3º episódio da tragédia *Édipo Rei*, ao tentar acalmar Édipo, quando sua real identidade ainda não tinha sido revelada.

longo capítulo da *Oneirocrítica* aos sonhos de relação sexual com a mãe) não há que ser interpretado, necessariamente – aqui não há nenhuma *blague* – edipianamente. Pois, no imaginário clássico, relação sexual com a mãe pode ser decodificada como sonho de tomada de poder[20]. A mãe significa "pátria", diz Artemidoro, e sonhar que se possui a mãe significa possuir ou repossuir a pátria. E ainda:

Além disso, depois desse sonho, o viajante será trazido de volta à sua pátria, e aquele que está em disputa a respeito dos bens de sua mãe ganhará o processo, podendo usufruir, não do corpo de sua mãe, mas dos seus bens (I, 79)[21].

Estamos aqui em pleno arquétipo cultural da relação sexual com a mãe enquanto "retomada do poder"– aliás a interpretação antropológica dos helenistas[22] do ato de Édipo. Dessa perspectiva, o filho exilado e alijado do poder pela mãe assassina do marido volta e se reinveste dos seus direitos. Mas este ato só será passível de ser realizado através da astúcia, de estratagemas, pois se trata de um combate desigual: será a luta da "ninhada da águia" contra a serpente. Só através do dolo (o termo é grego: *dolos*) Orestes poderá vencer Clitemnestra, por meio de uma armadilha: ele também deverá tornar-se serpente. (E, veremos em seguida, em todos os sentidos.) O estratagema que ele urdirá para insinuar-se no palácio e poder abordar a rainha e Egisto é apresentar-se como um estrangeiro: ele e seu amigo Pilade, disfarçados como hóspedes, imitando o sotaque da Fócida, seriam introduzidos no interior do palácio. Pois este é o plano de Orestes, para Egisto e Clitemnestra: "Que após ter imolado por traição um herói reverenciado, vítimas por sua vez de traição, sejam eles pegos e pereçam na mesma rede" (v. 556).

Assim, tal como o "hóspede funesto", Orestes consegue através do dolo insinuar-se no palácio, ser hospedado como amigo, penetran-

20. Cf. Marie Delcourt, *Oedipe ou la légende du conquérant*, Paris-Liège, Dorz, 1944.
21. Artemidoro de Daldis, *op. cit.*, p. 89.
22. Cf. Vernant e Marie Delcourt.

CERÂMICA ÁTICA DO SÉCULO VI a.C. VIENA, KUNSTHISTORISCHE MUSEUM.

Orestes mata Egisto na presença da irmã, enquanto Clitemnestra tenta correr em ajuda do amante, mas é retida.

CLITEMNESTRA – *Que se passa? Por que enches a casa de gritos?*

ESCRAVO – *Eu digo que os mortos ferem o vivo.*

CLITEMNESTRA – *Infeliz de mim! Compreendo agora o enigma. Vamos perecer por traição, assim como matamos.*

ÉSQUILO, As Coéforas, *vv. 885-889.*

do nos aposentos que de outra maneira lhe permaneceriam vedados, e, assim, como a serpente, morder o seio que a alimentara.

O termo grego, usado por Orestes ao interpretar o sonho de Clitemnestra, foi *ekdrakontotheis d'ego* (em que se percebe o radical *drakon = serpente*): "eu, transformado em serpente", a matarei. Na firme decisão de realizar o sonho de sua mãe, Orestes diligencia por transformar-se em serpente. A primeira condição para tanto seria pertencer ao mundo subterrâneo, mundo infernal, espaço dos mortos; ele inventará, assim, a mentira da sua morte: contará à rainha que, ao se pôr a caminho para Argos, fora encarregado por Estrófios da Fócida (em casa de quem se abrigara, filho órfão de Agamenon) de dizer à família de Orestes que ele morrera: "Numa hora destas, os flancos de uma urna de bronze encerram suas cinzas, choradas como convém" (v. 687).

A notícia da morte do filho de Agamenon faz de Orestes um morto. Identificando-se com seu pai na morte, ele poderá ser simbolizado pelo animal ctônico que é a serpente; utilizando-se do dolo, poderá ser figurado pelo símbolo da perfídia; assumindo o lugar do pai, na sua plena dimensão fálica, ele poderá realizar o coito sádico com a mãe. Aliás, essa identificação de Orestes com o pai na morte já tinha sido indiciada nos versos iniciais da tragédia, na referência ao sonho de Clitemnestra: "sob a terra, os mortos asperamente se lamentam e irritam-se contra seus assassinos" (v. 39).

E aquele plural, "os mortos", que poderia ter sido lido como Agamenon e Cassandra, assassinados na primeira peça da trilogia, agora pode ser identificado enquanto pai e filho: o pai morto e o filho apresentado como morto e, num certo sentido, "morto para sua mãe".

Mas há ainda uma cena, já posterior ao assassinato de Egisto, em que essa imagem – e quase a mesma formulação, ao menos no que se refere a esse plural, "os mortos" – retorna. Atraída pelos gritos de um escravo, Clitemnestra sai do gineceu:

Clitemnestra – Que se passa? Por que enches a casa de gritos?
Escravo – Eu digo que os mortos ferem o vivo.

CLITEMNESTRA – Infeliz de mim! Compreendo agora o enigma. Vamos perecer por traição, assim como matamos (vv. 885-889).

A ambigüidade aqui é instigante, pois o enigma a que se refere Clitemnestra (*to epos ainigmáton*) pode dizer respeito à última fala do servo, "os mortos abatem o vivo" (na situação em que Agamenon assassinado e Orestes dado como morto matam Egisto; ou melhor, Orestes é o braço armado de seu pai assassinado) ou pode referir-se a seu sonho (não foi Freud que chamou o sonho de um *rebus*, um enigma?). E o próprio Aristóteles associa o enigma à metáfora[23]. As palavras da rainha podem significar que ela teve, naquele exato momento, o *insight* a respeito da interpretação exata de seu sonho, do "enigma" de uma serpente que, parida por ela, lhe morde o seio. Em outras palavras, é como se só então ela adquirisse a percepção da gama de significações daquela metáfora: o símbolo da perfídia (em que provavelmente sua consciência culpada se reconheceria com facilidade) aplicado ao próprio Orestes; a identificação do marido e do filho no animal que representa o mundo dos mortos; e o assassinato dela própria, numa relação de correspondência com seu próprio crime, numa armadilha. A serpente que ela fora, matando o próprio marido, agora perecerá, "por dolo", à mão do filho transformado em serpente (estamos aqui em plena encruzilhada da cadeia de significantes). É essa a *palavra de enigma*, que, no entanto, deverá esperar ainda alguns versos para ser cabalmente explicada.

Pois a cena mais patética ainda está por vir. A porta central se abre, e mãe e filho se defrontam; Orestes com a espada na mão; Clitemnestra lamenta-se pela morte de Egisto. E, à alusão feita por Orestes ao amor que ela devota a seu amante, Clitemnestra, rasgando suas vestes, lhe mostrará o seio[24]: "Pára, meu filho! Respeita, criança, este seio, do

---

23. Cf. Aristóteles, na *Retórica*: "Os enigmas [...] nos ensinam algo, e têm a forma de uma metáfora" (III, 11, 24).

24. Cena em que André Green, como não poderia deixar de ser, vê, mais que uma tentativa de provocar piedade, um ato de sedução da rainha "em que ela se oferece de fato a tentações sexuais" (*op. cit.*, p. 66).

qual muitas vezes, adormecido, sugaste com teus lábios o leite que alimenta" (v. 896).

É esse o momento em que o matricida deixa cair sua espada. Flagra-se um instante de aguda perplexidade da vontade humana. Dilacerado entre dois imperativos e entre dois impulsos: de um lado, a ordem de Apolo e a pressão das entidades ctônicas, a começar pelo próprio morto, o pai assassinado, exigindo vingança, pela lei do talião; de outro lado, o apelo patético da mãe que desnudando o seio lhe recorda a poderosa força natural da ligação mãe-filho, na sua figuração mais corporalmente concreta. Temos aqui um ponto álgido do questionamento do *agir* humano, que a tragédia coloca no palco das discussões da *Polis*. "Pílades, que fazer?" – pergunta Orestes ao amigo. São duas leis que se opõem, duas forças em conflito – se houvesse a mínima possibilidade de conciliação não existiria a tragédia – numa homologia com as linhas de força fundamentais do momento histórico da sociedade que gerou aquele texto: a ambigüidade instaurada com a emersão da *Polis* e das instâncias com ela trazidas, como a instituição do Direito; e o pano de fundo da sociedade arcaica e mergulhada no mito, e onde impera a lei do talião. Assistimos, como aponta Vernant, à elaboração sofrida da categoria da *vontade*, essa instância ainda em formação e questionada exatamente na Tragédia. Vernant:

> Qual é, para uma história psicológica da vontade, o significado dessa tensão constantemente mantida pelos Trágicos, entre o realizado e o sofrido, entre o intencional e o forçado, entre a espontaneidade interna do herói e o destino previamente fixado pelos deuses? Por que esses aspectos de ambigüidade, pertencem precisamente ao gênero literário que, pela primeira vez no Ocidente, procura exprimir o homem em sua condição de agente?[25]

Voltemos a *As Coéforas:* com a intervenção do amigo Pílades, que lhe rememora o oráculo de Apolo, a lealdade, os juramentos, Orestes

---

25. Cf. Vernant, "Esboços da Vontade na Tragédia Grega", em Vernant & Vidal-Nacquet, *Mito e Tragédia na Grécia Antiga*, São Paulo, Duas Cidades, 1977, p. 55.

GÓRGONA. FIM DO SÉCULO VII OU INÍCIO DO SÉCULO VI A.C. MUSEU BRITÂNICO, LONDRES.

ORESTES – *Ah! Ah! Escravas... ali, ali, mulheres vestidas de negro, semelhantes às Górgonas, enlaçadas de serpentes.*

ÉSQUILO, As Coéforas, *vv. 1049 e ss.*

se recupera da hesitação, insiste em pontuar a ligação erótica da mãe com Egisto[26], e trava com a rainha um diálogo tenso e crispado, que culminará com o matricídio:

CLITEMNESTRA – Queres verdadeiramente matar tua mãe, meu filho?
ORESTES – Não sou eu, és tu que te matarás a ti própria![27]
CLITEMNESTRA – Toma cuidado: pensa nas cadelas[28] de tua mãe.
ORESTES – E as de meu pai, para onde fugir, se hesito?
CLITEMNESTRA – Ah! Ainda viva, eis-me aqui suplicando a um túmulo!
ORESTES – O destino dado a meu pai te condena à morte.
CLITEMNESTRA – Eu mesma pari e alimentei esta víbora!
ORESTES – O terror de teus sonhos foi um adivinho sincero. Tu mataste teu esposo, morre sob o ferro de um filho.

As palavras absolutamente finais de Clitemnestra nessa tragédia são a sua interpretação cabal do sonho que ela tivera, e que vê se realizando: "Eu mesma pari e alimentei esta víbora!" (v. 928).

O sonho de Clitemnestra, sonhado por Orestes, é por ele efetivado: atuado. E, no momento mesmo desse ato, ele tem a consciência de estar concretizando o sonho: "O terror dos teus sonhos foi um adivinho sincero".

Mas, se pensávamos que com a compreensão do "enigma", por parte de Clitemnestra, a metáfora da serpente já se teria expandido em sua plena medida, estávamos enganados. Pois se continuarmos a rastrear essa imagem, veremos que, após esse momento decisivo que é a realização do matricídio e a interpretação do sonho pela rainha, no instante mesmo que tal sonho se realizava, em passagens posteriores, portanto, a essa cena, voltam ainda as imagens de serpente – mas com uma nova possibilidade de significação.

26. Numa cena posterior, após o duplo assassinato, Orestes mostra ao povo os dois cadáveres e insiste, mais uma vez, nessa morte conjunta, uma espécie de "pacto de fidelidade" que fora assim selado, prolongando a união de Egisto e Clitemnestra, perpetuando-a.
27. Fala em que se pode vislumbrar a reversibilidade do referente da metáfora da serpente: eu/tu. Quem vai matar (Orestes) é uma serpente, mas serpente fora Clitemnestra (p. 442).
28. "Cadelas": um dos nomes pelos quais eram nomeadas as Erínias, as fúrias vingadoras.

No primeiro surgimento dessa imagem após a realização do crime, nos versos 991 e ss., quando Orestes mostra ao povo os dois cadáveres, nada se inova na metáfora; apenas retoma-se o sema da perfídia e da "ávida maldade" que serpente – aqui aferida a Clitemnestra – representa:

Mas aquela que imaginou um tal horror contra um homem, cujos filhos carregou no ventre – fardo de amor outrora, de ódio atualmente – que te parece ela? Moréia ou serpente?[29] Em todo o caso, um ser capaz de infectar sem mordida, por simples contato, só pelo efeito de sua audácia e orgulho naturais...

Mas nas duas passagens seguintes – e últimas – em que essa metáfora se fará presente, um novo sentido começará a impor-se. E é a figura da serpente – com a acepção que passo a desenvolver – que será o verdadeiro gatilho para a loucura de Orestes. Diz o Corifeu:

Triunfaste: não coloques teus lábios a serviço de uma linguagem amarga: não te amaldiçoes a ti próprio, no dia em que livraste o país argivo, cortando num golpe feliz a cabeça destas duas serpentes...[30] (v. 1044).

Aproximamo-nos dos versos finais da peça, chegando ao fim do rastreamento da imagem da serpente, que eu me tinha proposto. Pois bem, à evocação das *cabeças cortadas das duas serpentes*, o delírio de Orestes irrompe. E à indicação cênica – "Orestes, que se dirigia para a saída da esquerda, recua repentinamente espavorido" – seguem-se as falas absolutamente finais do matricida:

– Ah! ah! Escravas... ali, ali, mulheres vestidas de negro, semelhantes às Górgonas, enlaçadas de serpentes inumeráveis... Não posso mais ficar. [...]
Vós não as vedes, mas eu as vejo. Elas me perseguem, não posso permanecer (vv. 1049 e ss.).

29. Serpente: o termo original aqui é *echidna*.
30. Serpente: o termo aqui é *drakon*.

A DEUSA ATENA, TRAZENDO EM SEU ESCUDO A IMAGEM DA GÓRGONA MEDUSA DECAPITADA. DETALHE DE UMA ÂNFORA.

Uma das características mais aterradoras da Górgona Medusa era que quem a contemplasse era transformado em pedra – a ponto de ela ser objeto de terror não somente para os mortais, mas também para os imortais. Por esse motivo, a cabeça da Medusa, decapitada, figura na Ilíada, na égide de Atena, ou no seu escudo. Assim, ela petrificava os inimigos só com sua presença.

Assim, ao término da tragédia, será a serpente – de um lado, na alusão do corifeu às serpentes de cabeças decepadas (imagem inequívoca de castração); de outro lado, na visão das Eríneas (mulheres que têm serpentes em lugar dos cabelos) – que desencadeará a loucura final de Orestes.

É estranhíssimo que o tradutor francês do texto da Belles Lettres que venho compulsando[31], Paul Mazon, tenha, relativamente aos versos 1049 e ss., vertido para o francês, o trecho acima citado como: "...des femmes, vêtues de noir, enlacées de serpents sans nombre...", e tenha deixado de explicitar aquilo que, no grego, é absolutamente explícito, ou melhor, literal: a referência às Górgonas. Faltou, no texto francês, inexplicavelmente, a tradução dos termos *Gorgónon diken*, "à maneira das Górgonas". Mas na realidade essa tradução literal apenas explicitaria (e, para os meus propósitos, *reforçaria*) uma alusão que a imagem das Erínias sozinha já comporta. Há analogias figurativas evidentes entre as Erínias e a Górgona Medusa[32], a partir de sua característica básica de terem a cabeça envolta de serpentes. Aliás, a identificação das Erínias, divindades vingadoras, com as Górgonas é feita pelo próprio Ésquilo[33], na peça seguinte da trilogia, *As Eumênides*. Com efeito, nos versos iniciais dessa tragédia, a Pítia de Delfos, diante do templo de Apolo, depara-se com Orestes, o matricida suplicante, acompanhado de um bando de Erínias: "Diante do homem, um bando estranho de mulheres dorme, sentadas sobre os degraus. Mas que digo, mulheres? Antes, Górgonas..." (*As Eumênides*, v. 370).

31. Ésquilo, *Les Choephores*, 4ª ed., texto estabelecido e traduzido por Paul Mazon, Paris, 1949, vol. II.

32. Das três Górgonas, Esteno, Euríale e Medusa, geralmente dá-se o nome de Górgona a esta última, sendo Medusa considerada a Górgona por excelência. Nascida do sangue com que a mutilação de Urano impregnou a terra, a Górgona tem ainda a característica de parir pelo pescoço: é assim que, quando foi morta por Teseu, que a decapitou, ela deu a luz a Pegasus e Crysaor, engendrados de sua união com Poseidon, o único e mortal que não teve medo de se unir a ela, e a engravidou. Cf. Pierre Grimal, *Dictionnaire de la mythologie grecque et romaine*, 1988.

33. Como bem observou Maurice Croiset, em seu ensaio "Les Euménides", em *Eschyle. Études sur l'invention dramatique dans son théâtre*, Paris, Les Belles Lettres, 1928, p. 243.

Uma das características mais aterradoras da Górgona Medusa era que quem a contemplasse era transformado em pedra – a ponto de ela ser objeto de terror não somente para os mortais, mas também para os Imortais. Por esse motivo, a cabeça da Medusa decapitada figura, na *Ilíada*, na égide de Atena, ou no seu escudo; assim, ela petrificava os inimigos só com sua presença.

Ora, Jean-Pierre Vernant, um helenista acima de qualquer suspeita de delírios interpretativos psicanalíticos, não deixou de apontar na máscara da Górgona uma "representação crua e brutal" do sexo feminino. Em seu instigante livrinho *La Mort dans les yeux*, em que se propõe a estudar a Alteridade, a experiência do Outro na Grécia Antiga, Vernant reserva um grande espaço ao estudo dessa máscara de horror, a Górgona Medusa:

> Mas este terror cuja presença ela encarna, que de alguma maneira ela mobiliza, não é normal: ele não se liga à situação particular de perigo na qual alguém se encontraria. É o pavor em estado puro, o Terror como dimensão do sobrenatural. Com efeito, este medo não é secundário nem motivado, como o que provocaria a consciência de um perigo. Ele é primordial[34].

É muitíssimo curioso que Vernant, que insiste na irracionalidade desse terror, que cita "aspectos marcados de insólito e de estranheza"; que fala, literalmente, em "inquietante estranheza" (p. 32) – em nenhum momento se refira às conclusões de Freud sobre as raízes do intenso pavor que a visão de Gorgô propicia, e não aluda à interpretação psicanalítica do terror de castração ligado à visão da cabeça da Medusa.

Mas antes de referir esta última interpretação (presente no texto de Freud, "A Cabeça da Medusa", de 1922), talvez seja o caso de me deter na idéia correlata, de *estranheza* – que não poderia deixar de remeter ao *Unheimlich*. Com efeito, no famoso texto de 1919, *Das Unheimlich*, Freud fornece subsídios para que possamos conjugar,

---

34. Jean-Pierre Vernant, *La Mort dans les yeux – Figures de l'Austre en Gréce Ancienne – Artémis, Gorgô*, Paris, Hachette, 1985, p. 39.

ATENA, TRAZENDO EM SUA ÉGIDE A IMAGEM DA GÓRGONA. DETALHE DE UMA ÂNFORA.

É curioso que Vernant, que fala literalmente em inquiétante étrangeté *("inquietante estranheza": a tradução usualmente empregada no francês para o* Unheimlich*) não endosse a interpretação freudiana para o horror provocado pela máscara da Górgona.*

num mesmo olhar, o estranho, insólito (mas, ao mesmo tempo, extremamente familiar) e o duplo. O estranho, diz Freud, é aquela categoria do assustador que remete ao que é conhecido, de velho, e há muito familiar. Sendo a palavra alemã *unheimlich* o oposto de *heimlich* (*Heim* = lar), seríamos tentados a concluir que aquilo que é "estranho" é assustador precisamente porque não é conhecido e familiar. Mas Freud chega, através do estudo de uma série de casos, à conclusão (confirmada, mais tarde, por um exame do uso lingüístico) de que, por vezes, instaura-se uma ambivalência, e *unheimlich* coincide com o seu oposto, *heimlich*, sendo que o estranho pode provir de algo familiar que foi reprimido, ou, para se tomar a definição de Schelling, o estranho é "algo que deveria ter permanecido oculto, mas veio à luz".

> Acontece com freqüência que os neuróticos do sexo masculino declaram que sentem haver algo de estranho no órgão genital feminino. Esse lugar *unheimlich*, no entanto, é a entrada para o antigo *Heim* (lar) de todos os seres humanos, para o lugar onde cada um de nós viveu certa vez, no princípio. [...] Nesse caso, também, o *unheimlich* é o que uma vez foi *heimlich*, familiar; o prefixo *un* (in) é o sinal da repressão[35].

Assim, desse viés, explicar-se-ia o desencadear da loucura de Orestes, quando o coro alude às serpentes de cabeças decepadas e quando vê as Erínias, mulheres "semelhantes às Górgonas", com cabeleiras de serpentes.

Apesar de já no texto sobre o *Unheimlich* Freud ter tratado da "estranheza" que membros arrancados, cabeça decepada, mão cortada pelo pulso etc. apresentam, concluindo daí que "essa espécie de estranheza origina-se de sua proximidade com o complexo de castração"[36], será no pequeno texto "A Cabeça da Medusa" que ele desenvolverá mais completamente o tema em questão. Propondo-se aí a uma interpretação da horripilante cabeça decapitada, diz Freud:

---

35. Freud, "O Estranho"("Das Unheimliche"), vol. XVII das *Obras Completas*, Rio de Janeiro, Imago, p. 305.
36. Freud, "O Estranho", *op. cit.*, p. 304.

Decapitar = castrar. O terror da Medusa é assim um terror de castração ligado à visão de alguma coisa. Numerosas análises familiarizam-nos com a ocasião para isso: ocorre quando um menino, que até então não estava disposto a acreditar na ameaça de castração, tem a visão dos órgãos genitais femininos, provavelmente os de uma pessoa, adulta, rodeados por cabelos, e, essencialmente, os de sua mãe.

Os cabelos na cabeça da Medusa são freqüentemente representados nas obras de arte sob a forma de serpentes, e estas, mais uma vez, derivam-se do complexo de castração. Constitui fato digno de nota que, por assustadoras que possam ser em si mesmas, na realidade, porém, as serpentes servem como mitigação do horror por substituírem o pênis, cuja ausência é a causa do horror. Isso é uma confirmação da regra técnica segundo a qual uma multiplicação de símbolos do pênis significa castração[37].

Mas eu havia dito que era extremamente curioso que Vernant – que fala literalmente em "inquiétante étrangeté"(o termo da tradução francesa para "Das Unheimlich") – não endosse a interpretação freudiana para o horror provocado pela máscara da Górgona[38]. Tanto mais curioso quanto o próprio Vernant alude a razões infantis desse pavor, citando um interessantíssimo texto de *Fédon* de Platão, para quem terrores desse tipo brotam, no homem, da criança que ele foi. Refere Vernant que Platão, evocando o medo infantil de que o vento muito forte possa dispersar a alma à saída do corpo, diz que "há dentro de nós não sei que criança à qual estas coisas fazem medo" (*Fédon*, 77, 2)[39].

Para escorraçar tais temores, observa então o Sócrates do diálogo platônico referido por Vernant[40]: "é preciso um encantador bem-su-

---

37. Freud, "A Cabeça da Medusa", vol. XVII das *Obras Completas*, Rio de Janeiro, Imago, p. 326.

38. Para Vernant, o que aterroriza em Gorgô é a alteridade absoluta, é o radicalmente "outro" que ela representa, é o duplo.

39. *Apud* J.-P. Vernant, *op. cit.*, p. 61.

40. Instigado por essa idéia de enraizar terrores irracionais num resíduo infantil, Vernant vai retomar o dossiê de Erwin Rohde (*Psyché. Le culte de l'âme chez les grecs et leur croyance à l'immortalité*, Paris, 1928, app. 5, pp. 607-611) procurando, no nível das expressões populares e do universo infantil, a expressão da mesma potência de terror que a máscara de Górgona parece encarnar, em outras figuras atormentadoras da infância. E uma dessas figu-

cedido e uma encantação quotidiana até que a criança seja acalmada pelos encantamentos" (o que não deixa de ter ressonâncias significativas junto aos "fregueses" da Psicanálise...).

Da perspectiva do *Fédon* de Platão, então, esses medos irracionais poderiam radicar naquilo que, em nós, subsiste de infantil.

Não seria essa uma explicação para o inenarrável terror de Orestes – terror de castração – após ter matado Clitemnestra, diante da evocação das cabeças decepadas das serpentes e da visão alucinada das Eríneas, *Gorgónon diken* (à maneira das Górgonas), cabeças de mulher com cabeleiras de serpente?

Assim, creio que se pode apontar, em *As Coéforas*, que o rastreamento da metáfora fundamental que é aí agenciada – a serpente, núcleo do sonho de Clitemnestra, mas figura presente do início ao fim da tragédia – mostra que seu leque de significações vai se desdobrando e ampliando, numa riqueza insuspeitada de significados. E aqui, como nunca, fica provado que metáfora é condensação. Condensação: um dos processos fundamentais da elaboração onírica... e poética.

---

ras é *Mormô*, também uma máscara, que, em Teócrito, evoca a cabeça de um cavalo. Vejamos o próprio Vernant: "À sua criança, para assustá-la e fazê-la calar-se, a mãe diz: Mormô, o cavalo morde! (*dáknei híppos*). Esses monstros aterrorizadores que têm a figura do Ciclope ou do cavalo, supostamente apoderam-se das crianças, as raptam, as devoram ou lhes dão a morte (cf. Vernant, *La Mort dans les yeux*, p. 61). É pouco provável que leitores afeitos aos textos da psicanálise não se lembrem do Pequeno Hans e de seus medos.

5

O RAMO QUE FLORESCE

OS SONHOS DE CLITEMNESTRA

É extremamente sugestivo que em duas tragédias de autores diferentes – *As Coéforas*, de Ésquilo, e *Electra* de Sófocles – tragédias que contam a mesma saga – atribuam-se sonhos a uma mesma personagem: a rainha Clitemnestra[1]. Um sonho diferente em cada peça. Sonhos distintos, agenciando um material simbólico significativo para o contexto cultural em questão, que apresentam elementos bem diversificados, mas que, interpretados, levam a uma decodificação comum, à mesma interpretação. Sonhos, portanto, que no nível da narrativa, do enredo, significam a mesma coisa. Mas seu estatuto no interior de uma e outra tragédia é diferente, como se verá a seguir.

Ambos são premonitórios, apresentados no início das peças, e "realizados", ou melhor, concretizados, a seu término, comprovando o pavor e angústia suscitados em quem os sonhara.

Impõe-se, num parêntese, resumir a saga que embasa as duas tragédias. Ambas se desenrolam na dinastia dos Atridas – cujo *mythos*,

---

1. É interessantíssimo que essa personagem, que tanto sonha, em textos diferentes, de autores diferentes (pois também o poeta lírico Estesícoro, do século VII a.C. relata, num fragmento, um sonho da rainha, relativo à volta do marido assassinado) – é, num belo exemplo do mecanismo de denegação, aquela que despreza os sonhos. Na peça *Agamenon*, de Sófocles, tendo o Coro perguntado a Clitemnestra se prestava atenção às "visões persuasivas dos sonhos", ela responde: "Eu pouco me preocupo com quimeras de um cérebro adormecido" (vv. 274-275).

CERÂMICA ÁTICA. SÉCULO V a.C. (c. 470 a.C.)

Morte de Agamenon, assassinado por Egisto e Clitemnestra, que o imobilizaram com uma rede lançada sobre sua cabeça.

aliás, encontra-se na *Odisséia*. Agamenon partira, após o sacrifício de Ifigênia, para a guerra de Tróia e, à sua volta, é assassinado por Clitemnestra e por Egisto. A rainha não o perdoara pelo sacrifício da filha, e nesse meio tempo se casara com Egisto. Importa dizer que nessa ocasião Orestes é salvo pela irmã, Electra, que o envia para a Fócida, a fim de ser educado no estrangeiro, entre amigos; ela própria e sua irmã Crisóstemis permanecem em Micenas, com a mãe, com quem mantêm um relacionamento extremamente difícil. Mas chegado à idade de homem, Orestes volta da Fócida, disfarçado como mensageiro trazendo a falsa notícia de sua própria morte. Portando mesmo a urna que conteria suas cinzas: ele teria perecido num torneio de carros. Através desse estratagema, consegue entrar no palácio de Micenas e aproximar-se da rainha e de Egisto, e os mata, com a ajuda de Electra. Vingará assim o pai Agamenon. Esse o *mythos* comum às duas peças. Importa dizer que em Ésquilo esse mito é tratado em três tragédias – a trilogia que constitui a *Orestíada*, composta pelas peças *Agamenon* (em que se narra a volta de Tróia e o assassinato do rei), *As Coéforas* (que trata do retorno de Orestes, e sua vingança assassinando a mãe) e *As Eumênides* (cujo assunto é o julgamento a que é submetido o matricida, e o fim da cadeia de retaliações). Também Eurípides trata do mesmo *mythos*, em sua peça igualmente denominada *Electra*.

Posto isso, voltemos aos sonhos. Como manifestações oraculares, são enigmáticos, ambíguos (*dissos*, diz o grego) banham-se num luscofusco. Nas duas tragédias, a interpretação dos sonhos, antes que verbalizada, é atuada. No entanto, a diferença que apresentam conduzirá a uma inescapável comparação, implicando um trabalho de diferenciação entre os dois autores. Mas o que importa é mostrar a sua eficácia no interior da narrativa, seu desempenho na economia de ambas as tragédias.

Vejamos primeiro o sonho presente na tragédia mais antiga. Em *As Coéforas*, de Ésquilo, Clitemnestra sonha que pariu uma serpente, que amamenta, e que lhe morde o seio – misturando-se, então, sangue ao leite (vv. 526 a 534). Orestes, a quem o Corifeu narra o sonho imediatamente o interpreta: "a serpente sou eu!", diz ele – e o desdobramento da peça nada mais será do que a concretização desse sonho.

Na realidade a análise[2] mostra que "serpente" na peça é metáfora para Orestes, sim, que de uma certa maneira se apropria do sonho de sua mãe – é como se ele o tivesse sonhado – e, filho parido por Clitemnestra, vai morder o seio que o alimentara. Mas serpente refere-se também a outras personagens, abrigando no fundo uma grande condensação: diz respeito à própria Clitemnestra, víbora traidora, que assassina o próprio marido com a ajuda do amante; como animal ctônico por excelência, serpente diz respeito ao marido assassinado (e também a Orestes, tido como morto); além disso, na medida em que aferida às Erínias e à Górgona Medusa (mulheres que têm serpentes em lugar de cabelos), serpente poderá ainda ampliar o leque de significados, responsabilizando-se pelo desencadear da loucura final de Orestes. É isso a metáfora da serpente: várias cadeias associativas que têm seu ponto de intersecção nessa figura. Encruzilhada de muitos caminhos.

Mas vamos ao sonho de Clitemnestra, presente em *Electra* de Sófocles. Aqui também, não é a própria sonhante que o conta, mas ele nos chega através do relato de outro. Literalmente, é assim que é narrado o sonho de Clitemnestra, a Electra, por Crisóstemis, sua irmã:

> Diz-se que ela teria visto nosso pai reaparecer diante dela, e que teria fincado na nossa lareira o cetro que ele outrora portava, antes que Egisto o tivesse tomado. Deste cetro então teria brotado um ramo florescente, capaz de cobrir, sozinho, com sua sombra, toda a terra de Micenas.

Num parêntese, seria o caso de observar que o que me interessa aqui é menos "interpretar" o sonho (o que, de resto, a própria condu-

---

2. Faço, nesse momento, uma síntese da análise do sonho de Clitemnestra em *As Coéforas* de Ésquilo, desenvolvida no capítulo anterior, intitulado "A Serpente Sou Eu", pp. 115-150 deste livro, onde se procedeu a um estudo da metáfora da serpente, mostrando suas múltiplas possibilidades de interpretação.

VASO PINTADO, SÉCULO V A.C. (*c.* 470 A. C.)

Orestes e Electra matando Egisto, em presença de sua mãe Clitemnestra.

ção do enredo se encarregará de fazer) do que descortinar-lhe a simbologia, o agenciamento das imagens, o sistema metafórico – e sua inserção orgânica no solo cultural que gerou o sonho. Em outras palavras: historicizá-lo. Pois as imagens dominantes nesse sonho, bem como no da peça de Ésquilo, não são aleatórias, não estão isoladas, mas repousam numa rede metafórica que as sustenta. Há como que uma arquitetura subterrânea, muito travejada, com pontos que emergem à superfície. Pois bem: esses pontos são as metáforas e metonímias, as imagens que aparecem nas duas tragédias. Verifica-se uma extrema coerência nas escolhas imagéticas de cada autor, e tentar desvendá-la significará trabalhar a discriminação das características fundamentais dos dois grandes trágicos: propiciará individualizar fundamentalmente Ésquilo e Sófocles. Apesar de – e não há contradição nisso – serem estes sonhos típicos de uma cultura e de uma raça. É extremamente operativa essa categoria utilizada por Dodds que, na esteira de Lincoln e de Malinowski, aponta a existência de "arquétipos culturais" – que forneceriam ao sonhante um arsenal imagético já pronto: imagens aptas a serem instrumentalizadas por aquilo que Freud chama de "elaboração secundária". "Sonhos típicos", assim, seriam aqueles cujo conteúdo manifesto é determinado por uma dada estrutura cultural. Diz Dodds que em muitas sociedades:

[...] há tipos de estrutura onírica que dependem de um esquema de crenças transmitidas no interior da própria sociedade, e que cessam de produzir-se quando a crença deixa de ser mantida. Não somente a escolha de tal ou tal símbolo, mas o próprio caráter do sonho parece submeter-se a uma estrutura tradicional rígida. É evidente que tais sonhos são parentes próximos do mito, que é como se observou com muita justeza o "pensar onírico" de um povo, assim como o sonho é o mito do indivíduo[3].

Aqui cabe uma reflexão, dada a necessidade de tratar da metáfora e sua congenialidade com o sonho. Vinculando inteligência e sensi-

3. E. R. Dodds, "Structure onirique et estructure culturelle", *Les grecs et l'irrationnel*, trad. Michael Gibson, Paris, Flammarion, 1977, p. 109.

VASO PINTADO, SÉCULO IV A.C. (c. 360-350 A.C.)

ORESTES – *Se choras a desgraça de Orestes,*
Sabe que esta urna contém suas cinzas.

SÓFOCLES, Electra, *vv. 1117-1118*

bilidade, a metáfora propicia uma apreensão sensorial: plástica e visual – a imagem faz apelo aos sentidos. E o estudo da metáfora deve ser inserido num horizonte mais amplo, dos procedimentos de simbolização. Urge abordar o símbolo no seu processo, na sua dinâmica, descortinando a rede subterrânea de metáforas coerentemente solidárias; há uma narrativa dinamicamente desdobrada por detrás de cada uma delas: toda metáfora é um pequeno mito, diz Vico, em pleno século XVII, numa intuição fulgurante[4].

Há mais: pode se apontar uma articulação entre "metáfora", "enigma" e "sonho", como já vimos na peça de Ésquilo[5]. Também em Sófocles há referência ao "enigma" que o sonho, manifestação oracular, representaria: nos momentos finais da peça, ao ser golpeado, Egisto ouve de Orestes as seguintes palavras: "Eu sou para ti o melhor dos adivinhos" (v. 1499). O "adivinho" (*mantis*), aqui, não é quem interpreta verbalmente, mas aquele que figura, que realiza, que atua o sonho.

Pois bem, assim como existe um paralelo sonho/enigma, estabelece-se outro entre metáfora/enigma. Aristóteles, além da célebre conceituação de metáfora como "transporte"[6], que aparece na *Poética*, trata também da metáfora na *Retórica*, onde declara que os enigmas "nos ensinam algo e têm a forma de uma metáfora"[7].

Mas voltemos à comparação entre os sonhos de Clitemnestra nos dois grandes trágicos. Contrariamente ao sonho presente em Ésquilo, o de Sófocles nada tem em si de ameaçador ou terrível. Aí temos: uma lareira, um cetro real, um ramo que floresce, uma sombra benfazeja que estende sua proteção a toda a terra de Micenas. No entanto, a questão: benfazeja para quem? protetora para quem? A própria

---

4. Vico, *Princípios de uma Ciência Nova*, 2ª ed., trad. Antônio Lázaro de Almeida Prado, São Paulo, Abril Cultural, 1974, p. 48.
5. Cf. vv. 886-887.
6. "A metáfora consiste no transportar para uma coisa o nome de outra, ou do gênero para a espécie, ou da espécie para o gênero, ou da espécie de uma para a espécie de outra, ou por analogia"(XXI, 1457 b).
7. *Retórica*, 69, 1412-1424.

Clitemnestra não está muito certa do augúrio negativo de seu sonho. É verdade que o texto fala de um terror noturno, de um "medo da noite" – que teria impelido a rainha a mandar libações ao túmulo do marido assassinado. Mas ela própria, ao se referir ao seu sonho, fala em "visões ambíguas" (*dissôn oneiron*). *Dissos*: duplo, desunido, dividido; de duplo sentido, equívoco.

Um ramo que floresce é antes de mais nada manifestação de vida: há uma conotação inarredavelmente positiva na metáfora de uma germinação; enquanto uma serpente que morde é, em si, negativa. Mas há mais. Em Ésquilo, a rainha não é simbolizada: é ela própria que aparece no sonho, parindo uma serpente e amamentando-a. Clitemnestra é personagem do sonho de Clitemnestra. "Ela acreditou parir uma serpente", diz literalmente o texto, na fala do Corifeu (v. 523). No sonho de Sófocles, Clitemnestra não aparece como tal, mas é acionado o símbolo da lareira. A rainha está presente, simbolicamente, através da lareira, assim como Agamenon/Orestes se farão presentes através do cetro (metonímico) e do florescimento do cetro (metáfora para eclosão de vida futura, no ramo do rei dos Atridas). Assim, à ambigüidade inerente a todo oráculo (Apolo é Loxias, o "oblíquo": aquele que fala de través – a fala mântica é sempre passível de ser mal compreendida), soma-se aqui a polivalência dos símbolos. A oração que Clitemnestra dirige a Apolo Liceu, após o sonho que a inquietara, é significativa:

> Se as visões ambíguas que vi esta noite em sonho têm um sentido que me seja favorável, faze, rei Liceu, que elas se realizem. Mas se seu sentido me for hostil, desvia-as então contra aqueles que me são hostis; e se alguém trama por dolo despojar-me das riquezas de que gozo, não o toleres, e faze que, viva, eu continue a possuir como hoje, ao longo de uma existência sem danos, o palácio e o cetro dos descendentes de Atreu, tranqüila, na companhia de amigos que me cercam e daqueles dos meus filhos que não têm nem ódio contra mim, nem uma tristeza por demais amarga (vv. 643 e ss.).

Mas há um outro tópico que pretendo ressaltar nessa fala: é a referência que Clitemnestra faz especificamente ao cetro – ao palácio e ao cetro dos descendentes de Atreu, que ela suplica que Apolo lhe deixe continuar possuindo. Trata-se de uma súplica pelo poder, em que fica inequívoco que cetro = insígnia do poder. Só isso já nos alertaria contra uma explicação simplistamente psicanalítica, em que cetro seria (simplesmente) signo fálico, ao passo que lareira, figuração do sexo feminino, representaria Clitemnestra. É claro que tais símbolos também suportam essa decodificação, mas seria empobrecer singularmente a interpretação do sonho – e da peça de Sófocles – ater-se ao nível exclusivamente sexual.

Louis Gernet, o mestre de Vernant, em seu livro *Anthropologie de la Grèce antique*[8], tem um capítulo que se intitula, exatamente, "Sur le symbolisme politique: le foyer commun". Um estudo sobre a *Hestia*, entre os gregos. Diz Gernet que a lareira é um dos símbolos "que tem relação com a unidade do grupo", "que se inscrevem por definição no espaço, pois são centros". E aponta uma mitologia da *Hestia* real. Referindo-se especificamente ao sonho de Clitemnestra em Sófocles, declara que há nele uma dupla imagem de potência real, que são o cetro e a lareira.

Na Itália, lendas onde se reconhece geralmente uma importação helenística, fazem nascer da lareira um futuro rei – portanto, em relação concreta com a lareira vem essa noção mítica da Criança, da criança real.

Vernant num certo sentido dá continuidade a esse texto do seu mestre e retoma o assunto no ensaio "Hestia-Hermes. Sobre a Expressão Religiosa do Espaço e do Movimento entre os Gregos" – e que constituirá um dos capítulos de seu fundamental *Mito e Pensamento entre os Gregos*. Assim resume a questão:

O simbolismo sexual (Agamenon que planta no seio de Hestia o novo rebento que aí vai germinar) não é aqui separável do simbolismo social. O *skeptron* é como que a imagem móvel da soberania. Zeus o transmitiu, por Hermes, aos Atridas. O rei o confia ele próprio ao seu arauto e a seus embaixadores. [...]

8. Louis Gernet, *Anthropologie de la Grèce antique*, Paris, Maspéro, 1976 (o texto em questão, no entanto, tinha sido originalmente publicado nos *Cahiers Internationaux de Sociologie*, 1952).

Ora, Egisto tinha recebido o cetro da mulher – que, ela própria, era uma estrangeira no lar dos Atridas. [...] Fixando-o na lareira, Agamenon o arrebata aos usurpadores; ele o devolve a sua própria linhagem, a única realmente implantada na terra micênica. [...] O sonho não poderia significar mais claramente que, para além da pessoa de Clitemnestra, é na realidade em seu lar que Agamenon engendrou Orestes, nesse lar e que ele mesmo enraíza a casa real na terra de Micenas[9].

Mais uma vez, então, a interpretação psicanalítica (que, por outro lado parecia tão inequívoca) deve ceder passo – ou melhor, deve articular-se – a uma visão antropológica, sociológica, histórica, política. Menos do que um sonho de coito, trata-se aqui de um sonho político. Héstia não é símbolo de Clitemnestra, mas símbolo central do espaço doméstico; e aqui, como se trata da lareira do palácio real, símbolo espacial da identidade do grupo, de vida e perenidade da dinastia.

A IMAGEM DO BROTO QUE FLORESCE

Passemos à segunda metáfora fundamental desse mesmo sonho. Tomando emprestado ao mundo vegetal o simbolismo de renovação da vida, a imagem do broto florescente não é isolada, nem surge repentinamente, mas é preparada cuidadosamente ao longo da peça pela presença das muitas metáforas vegetais aí agenciadas, e que dominarão singularmente o vocabulário de Sófocles, diga-se de passagem. Mas o que é instigante, no caso específico dessa imagem, é que ela já é indiciada na peça mais antiga, que a precede no tratamento da mesma saga. Com efeito, em *As Coéforas*, de Ésquilo (onde, como se vê, se farão presentes triunfantemente as metáforas animais) aparecerá ao menos quatro vezes uma alusão a essa figuração do germinar da vida da natureza vegetal. O que facilita singularmente esse "transporte" do mundo animal para o mundo vegetal é o fato de que em grego, germe, semente, é *sperma*. É assim que em *As Coéforas* faz-se alusão ao fato de

9. J.-P. Vernant, *Mythe et pensée chez les grecs*, Paris, Maspéro, 1966.

que "do menor dos germes pode brotar, imensa, a árvore da salvação" (v. 200). Do menor dos germes: *smikrôn spermatós*[10].

Assim, pode-se dizer que a metáfora fundamental que o sonho de Clitemnestra em Sófocles abriga, está presente, "em germe", na peça de Ésquilo.

Vejamos agora as metáforas vegetais em Sófocles. Logo nos versos inaugurais da peça, Agamenon é comparado a um carvalho[11], tombado sob o machado dos lenhadores; o Coro alude à raça arrancada pelas raízes[12]; há inúmeras referências ao tronco prestes a se estiolar dos Atridas: com Orestes morto e com as duas irmãs impedidas de se casar, para que não fosse suscitada uma descendência à casa de Atreu[13], o *genos* dos Atridas estaria aniquilado. Na cena do encontro dos dois irmãos, várias alusões são feitas por Orestes à beleza ultrajada de Electra, estiolada na solidão e na amargura, ressecada na infecundidade. As referências à solidão são tocantes e patéticas: Electra se declara reiteradamente *mona* (de *monos* = só), *áteknos* (sem filhos), *anympheutos* (sem himeneu), *álektra* (de a + *lektron* = sem leito). A esterilidade compulsória domina a tal ponto que é indiciada pelo próprio nome da protagonista: Electra é *álektra*, fundamentalmente: a que não conhece o leito conjugal, a não procriadora.

---

10. Também no v. 235 da mesma peça, após a cena famosa do reconhecimento dos irmãos, Electra dirige-se a Orestes recém-chegado como "esperança longamente chorada de um germe de salvação", ainda, no v. 260 alude-se ao termo *pythmén* = tronco de uma planta: "Se tu deixas secar até seu tronco esta raça real...": e finalmente, na oração que os dois irmãos endereçam ao pai morto, eles o adjuram de preservar a semente dos Pelópidas (*sperma Pelopidon*): "Tem piedade de tua filha, bem como de teu filho; não apaga do solo a semente dos Pelópidas: através deles tu sobreviverás na morte" (v. 503).

11. Electra fala de seu infortunado pai, que a mãe e Egisto o abateram "como lenhadores fazem com o carvalho, abrindo-lhe a fronte com um machado homicida" (v. 98).

12. "Ai de nós, eis toda a velha raça de nossos senhores, que perece arrancada pelas raízes" (v. 764).

13. "Egisto não é tolo para permitir jamais que de ti ou de mim saia uma descendência, que seria sua perda assegurada"(v. 965), diz uma irmã à outra. O termo aqui é *genos blastein*: florescer uma raça.

Há uma ligação profunda entre esse atributo infeliz de Electra, essa sua característica básica de ser "sem leito nupcial", de envelhecer e ressecar na esterilidade – tão reiterada na peça – e a metáfora fundamental que o sonho abriga: o cetro que reverdesce, tornando-se uma árvore protetora para a terra de Micenas. Mas Orestes está vivo: nele e através dele, o cetro do seu pai reflorescerá, e ele se transformará numa grande árvore (reconquistando o poder real), que recobrirá com sua sombra protetora toda a terra de Micenas. É por isso que no momento do reconhecimento, Electra se dirige ao irmão como *gônai*, "rebento": "Ah, rebento, rebento dos seres que me são mais caros, eis-te enfim, encontraste, vieste..." (v. 1232)

Os versos absolutamente finais da peça de Sófocles, após o duplo assassinato, de Clitemnestra e Egisto, são literalmente um canto à libertação da semente dos Atridas: "Ó semente de Atreu, através de quantas provações chegaste enfim com grande sofrimento, à liberdade. O esforço deste dia coroa a tua história".

A semente libertada poderá enfim germinar; o cetro reverdesce, o sonho se realiza.

Da comparação entre os dois sonhos, e entre as metáforas fundamentais que eles abrigam, ou melhor, entre suas respectivas redes metafóricas, algumas reflexões merecem ser feitas. Nos dois sonhos: presença do elemento sexual; coito estilizado com um morto; figuração da volta de Orestes; comprovação de seu augúrio negativo em relação à rainha. Na serpente que, recém-parida, morde o seio que a alimenta, ressalta o elemento "vingança", a relação (violenta) mãe-filho; alude-se ao caráter fálico de Clitemnestra; reponta o elemento ctônico; predomina um clima ominoso e terrível. Por outro lado, no cetro que, plantado na lareira, reverdesce, avulta o elemento dinástico: a possibilidade de reflorescimento do *genos* de Agamenon, de perpetuação de sua Casa, de linhagem preservada. Ao se passar da figuração da serpente para a do cetro que reverdesce, não se "dessexualiza" o símbolo, mas, pelo contrário mergulha-se fundo nas figurações da reprodução da vida – humana e vegetal. Ressalta aí a solidariedade dos processos vitais – em que o ciclo de vida vegetal sempre se renova e, na sua inextinguível capacidade de renovação e regeneração, metaforiza a possibilidade humana de se perpetuar, que é a procriação. Na metáfora do broto que floresce, em Sófocles, nada há de ameaçador ou terrível. Não há agressão, não há referência a esse evento fortíssimo da vida biológica, que é um parto. Nada de cruento, de serpente sendo parida, de víbora mordendo. Parto, amamentação, leite, sangue: imagens orgânicas da vida da natureza, que nos atingem na sua crueza não mediatizada, na sua crueza animal.

E entre as muitas diferenças entre os dois grandes trágicos, as escolhas imagéticas respectivamente em Ésquilo e Sófocles seriam um campo propício para o recorte dessas caracterizações. Em Sófocles abundam imagens vegetais, para dar conta da perpetuação da vida humana; e metáforas agrícolas que falam da sexualidade[14]. E se é verdade, como vimos, que as metáforas vegetais em Sófocles podem estar "em germe" na peça de Ésquilo, é verdade também que Sófocles só lidará com metáforas vegetais, exclusivamente, enquanto em Ésquilo predominarão as metáforas da vida animal, e uma crua brutalidade.

Desta maneira – para ficarmos em *As Coéforas* – os filhos de Agamenon são apresentados reiteradamente como a "ninhada da águia", ameaçada pela serpente (evidentemente, Clitemnestra): Electra tem um "coração de lobo"; Orestes é serpente e leão. A oração que Electra e Orestes endereçam a Deus é expressiva:

> Zeus, Zeus, vem contemplar nossa miséria. Vê: os filhotes da águia perderam seu pai; ele está morto nos laços, nos nós de uma víbora infame, e a fome devoradora oprime seus órfãos, porque eles não estão na idade de trazer para o ninho a caça paterna. Idêntica sorte é nossa, minha e de Electra: em nós podes ver filhos sem pai, ambos igualmente banidos de sua casa. Se tu deixas morrer esta ninhada de um pai que outrora foi teu sacerdote e te cumulou de homenagens, onde encontrarás

---

14. Vernant, em *Mito e Tragédia na Grécia Antiga* aponta a utilização de metáforas agrícolas em *Édipo Rei*, alusivas ao incesto: o pai semeou os filhos lá mesmo onde ele foi semeado; Jocasta é um campo que produziu, numa dupla colheita o pai e os filhos etc. (cf. *op. cit.*, São Paulo, Duas Cidades, 1977, p. 100).

uma mão tão generosa a te oferecer ricos festins? Se fazes perecer a raça da águia, não poderias mais enviar à terra signos que ela acolha com fé... (vv. 247 e ss.).

Ampliando-se o campo para as demais peças deste trágico, continua-se a observar a predominância de metáforas de origem animal. Não é à toa que vários especialistas debruçaram-se sobre esse tópico, como Jean Dumortier, que em livro sobre as imagens esquilianas reserva um capítulo sobre o bestiário deste autor[15], ou Vernant, que em "A Caça e o Sacrifício na *Oréstia* de Ésquilo" elenca uma série de imagens animais para designar personagens: Agamenon é apresentado como o "touro de chifres negros"; Clitemnestra, como a vaca que o mata; o presságio do destino dos Atridas sendo dado através de uma cena de caça em que duas águias devoram uma lebre prenhe etc.[16]. Não se recusa o sangue, as imagens fortes, as figurações da morte, da decomposição, de vida biológica. O cheiro de sangue, a podridão, o cheiro de túmulo estão presentes na peça Agamenon[17]: "Este palácio está cheirando a matança e a sangue derramado. [...] Dir-se-ia a exalação que sai de um túmulo" (vv. 11 309-11 312). Há uma contundência, uma imediatez, uma concretude de imagens não estilizadas, que quase nos assusta.

Na própria tragédia *As Coéforas*, Ésquilo não hesita em colocar em cena uma personagem simples como a ama Kílissa, a antiga babá de Orestes, em que Reinhardt vê, por sua solicitude em relação ao bebê, não apenas o contraste com a monstruosidade criminal da mãe, Clitemnestra, mas a "ordem do humano"[18]. Na cena da ama, aponta-se um "realismo" das imagens que aderem ao que a vida humana tem de orgânico, de registro da natureza animal, de corporal. Kílissa, na sua dor diante da (falsa) notícia da morte de Orestes, referindo-se aos cuidados que prestara ao bebê, apresenta detalhes tocantes – da vida

---

15. Jean Dumortier, *Les images dans la poésie d'Eschyle*, Paris, Les Belles Lettres, 1935.

16. Cf. Vernant & Vidal-Naquet, "A Caça e o Sacrifício na *Oréstia*" de Ésquilo, *Mito e Tragédia na Grécia Antiga*, São Paulo, Duas Cidades, 1977, p. 122.

17. Como bem aponta Vernant, *op. cit.*, p. 118.

18. Karl Reinhardt, *Eschyle-Euripede*, Paris, Les Editions de Minuit, 1972, p. 148.

humana nas suas condições biológicas mais primordiais: fala do nenê de quem cuidava desde o nascimento, cuja barriguinha se aliviava por si só, e que molhava tantas fraldas que a sua profissão misturava a da babá e a de lavadeira. É a mulher simples, do povo, que se expressa comoventemente, descendo a detalhes da vida biológica:

E todo esse desvelo foi em vão
Quem ainda não pode usar a consciência
é como se fosse um bichinho – é isso mesmo!
Temos de adivinhar suas necessidades,
Em suas fraldas a criança não nos diz
que está com fome ou sede, e quantas vezes
– sei muito bem – não percebi que era a
hora e tinha de lavar eu mesma os panos
sujos, passando a ser além de ama
lavadeira! (v. 750)[19].

Jacqueline de Romilly – que, aliás, estranhamente não cita essa passagem tão paradigmática para a "aderência ao real" que nota no teatro de Ésquilo – fala da somatória de majestade oracular e de tocante simplicidade no teatro esquiliano; e de uma força que se apoiaria naquela das sensações:

Sem este corretivo, arriscar-se-ia a acreditar que a grandeza do teatro de Ésquilo se aproxima da majestade clássica. É o contrário: ela em geral desagradou às épocas do classicismo. Essa mistura de vida concreta e de pano de fundo religioso, que nada tem de intelectual, representa precisamente o próprio do arcaísmo[20].

Voltemos aos sonhos de Clitemnestra, presentes nos dois grandes trágicos. Agora ficou mais fácil comprovar a coerência com todo sistema imagético que sustenta respectivamente suas metáforas, ou melhor, a rede metafórica que ambos constroem. As imagens escolhidas por cada um, em seus respectivos sonhos, não foram aleatórias, en-

19. Tradução de Gama Kury.
20. Jacqueline de Romilly, *La tragédie grecque*, Paris, PUF, 1970, p. 78.

ADÉLIA BEZERRA DE MENESES

A PORTA DAS LEOAS. MICENAS.

raízam-se fundamente naquilo que cada um tem de mais caracterizador: o que poderia se chamar de "realismo arcaico"[21] em Ésquilo, com suas imagens orgânicas cruas, o clima ominoso e oracular; e de outro lado, uma maior capacidade de estilização, refinamento de simbolização e presença do elemento dinástico, em Sófocles.

O CETRO QUE FLORESCE: A MIGRAÇÃO DE UM *TOPOS*

Há ainda uma última questão a ser trabalhada, nas imagens do sonho de Clitemnestra em Sófocles, especificamente a do ramo que floresce. Encarado como um "arquétipo cultural", um símbolo típico de uma terra e de uma cultura – e que, no caso em questão, não se revela como metáfora isolada, mas integrado num sistema, numa rede metafórica que a sustenta – essa imagem aparece em textos de outra cepa cultural: especificamente, do mundo bíblico: penso no ramo de Jessé, que brota, em Isaías; na vara de Aarão que também floresce; no "germe" de Jeremias; no "rebento" de Zacarias; e na grande árvore simbolizando o poder real, do sonho de Nabucodonosor, em Daniel.

Mas antes de me debruçar sobre os textos bíblicos, um retorno ao mundo grego se impõe: há também uma árvore simbolizando o poder real, em um sonho narrado por Heródoto:

> No primeiro ano do casamento de Cambises com Mandane, Astíage (filho de Ciaxares) teve outro sonho; pareceu-lhe ver sair do seio da filha uma videira que se estendia, cobrindo toda a Ásia. Tendo consultado novamente os magos, mandou vir da Pérsia Mandane, prestes a dar à luz. Logo que ela chegou, colocou-a sob vigilância, com a intenção de eliminar a criança que estava para nascer, pois os magos lhe haviam predito que essa criança devia reinar algum dia no lugar dele (*História*, I, 108).

E o que se segue, é o que todos sabemos: essa criança, que, como todo herói destinado a grandes feitos, escapa a uma morte programa-

---

21. Cf. Jacqueline de Romilly, *op. cit.*

da (cf. Édipo, Moisés etc.), encontrando adultos que dela se compadecem e a criam como filho, tornar-se-á, nada mais, nada menos, que
Ciro – preservado pela vontade dos deuses para ser o rei dos Persas
e, efetivamente, reinar em lugar de Astíages, sobre os Medos. A árvore aqui, cujos ramos se estendem cobrindo toda a Ásia, seria passível
da mesma interpretação do "ramo florescente, capaz de cobrir, sozi-
nho, toda a terra de Micenas", presente no sonho de Sófocles: metáfora para uma realeza ameaçada, mas ressurgente.

Devereux, em seu livro *Dreams in Greek Tragedy*[22] – faz articu-
lações do sonho de Clitemnestra em Sófocles com os sonhos que
Dodds levantou em Heródoto; e com uma passagem de *Agamenon*
de Ésquilo, que Vernant comenta. E daí deduz, apressadamente, que
Sófocles teria "imitado" o sonho de Astíages, presente em Heródoto;
e que os "modelos manifestos" do sonho construído por Sófocles
seriam Heródoto e Ésquilo.

No entanto, menos do que "influência" ou "modelos manifestos",
creio que se poderia falar aqui em participação em um imaginário
comum – que alimentaria o universo dos historiadores, dramaturgos,
filósofos. Estamos aqui em pleno domínio da "história do imaginário", em cujo contexto, por sinal, a história dos sonhos é um dos pontos de afloramento cultural do inconsciente[23].

Mas o instigante é que fora do mundo grego (embora pertencente
ao Oriente Próximo) essa metáfora repontará. De temática e anda-
mento semelhante ao do sonho de Astíage, vem o sonho de Nabucodonosor, do Livro de Daniel (4, 1-15), que passo a transcrever:

Eu, Nabucodonosor, estava tranqüilo em minha casa, vivendo prosperamente
em meu palácio. Tive, porém, um sonho que me aterrou. E as angústias, sobre o
meu leito, e as visões de minha cabeça me atormentaram. Por isso decretei que

---

22. Devereux, *Dreams in Greek Tragedy* (*An Ethno-Psycho Analytical Study*), Berkeley, Los
   Angeles, University of California Press, 1976.
23. Cf. Evellyne Patlagean, "A História do Imaginário", em Jacques Le Goff, *A História Nova*,
   São Paulo, Martins Fontes, 1993.

trouxessem à minha presença todos os sábios da Babilônia, a fim de que me dessem a conhecer a interpretação do sonho. Acorreram magos, adivinhos, caldeus e astrólogos: eu lhes contei meu sonho, mas eles não me deram a interpretação. Apresentou-se então diante de mim Daniel, cognominado Baltasar, segundo o nome do meu deus, e em quem está o espírito dos deuses santos. A ele narrei o meu sonho:

[...]
Havia uma árvore
no centro da terra,
e sua altura era enorme.
A árvore cresceu e tornou-se forte,
sua altura atingiu o próprio céu
e sua vista abrangeu os confins da terra inteira.
Sua folhagem era bela, e abundante o seu fruto.
Nela cada um encontrava alimento:
ela dava sombra aos animais dos campos,
nos seus ramos se aninhavam os pássaros do céu
e dela se alimentava toda carne. [...]

E Daniel interpreta o sonho:

[...] esta árvore és tu, ó rei, que te tornaste grande e poderoso, e cuja grandeza cresceu até chegar ao céu, estendendo-se teu império até os confins da terra (4, 19).

O paralelismo de imagens no entanto, não se limitará ao da grande árvore para simbolizar o poder real: há também uma série instigante em que estarão em questão outras metáforas vegetais, já nossas conhecidas.

É assim que em Jeremias e também em Zacarias surge a imagem de "germe", "rebento" – e, diz a nota da Bíblia de Jerusalém – "germe" será um dia um nome próprio, designação do Messias:

Eis que dias virão – oráculo de Iahweh –
em que suscitarei a Davi um germe justo;
um rei reinará e agirá com inteligência
e exercerá na terra o direito e a justiça.
Jeremias 23,5.

E, em Zacarias:

E lhe dirás: Assim disse Iahweh dos Exércitos: Eis um homem cujo nome é Rebento; de onde ele está, germinará (e ele reconstruirá o Templo de Iahweh). Ele reconstruirá o Santuário de Iahweh; ele carregará insígnias reais. Sentará em seu trono e dominará (Zacarias, 6, 12-13).

A solidariedade dos processos de reprodução de vida animal e vegetal – sobretudo em civilizações pré-industrializadas, em que a proximidade do homem com a natureza é uma condição de sua vida, provoca correspondências imagéticas sugestivas. E assim chegaremos, também no mundo bíblico, especificamente, à imagem do bastão que floresce.

Em Números, 17, 16-23, apresenta-se o milagre da vara de Aarão[24]:

Iahweh falou a Moisés e disse: "Fala aos filhos de Israel. Recebe deles, para cada casa patriarcal, uma vara; que todos os seus chefes, pelas suas casas patriarcais, te entreguem doze varas. Escreverás o nome de cada um deles na sua própria vara; e na vara de Levi, escreverás o nome de Aarão, visto que haverá uma vara para os chefes das casas patriarcais de Levi [...]. O homem cuja vara[25] florescer será o que escolhi [...]. No dia seguinte, quando Moisés veio à Tenda do Testemunho, a vara de Aarão, pela casa de Levi, havia florescido: os botões haviam surgido, as flores haviam desabrochado e as amêndoas amadurecido".

Essa mesma metáfora do bastão que floresce aparece também em Isaías, 11, 1-6:

Um ramo sairá do tronco de Jessé,
um rebento brotará de suas raízes.

24. Este episódio da vida de Aarão, bem como o sonho de Nabucodonosor (*Daniel*), foram elencados por Devereux em seu estudo sobre os sonhos gregos. Ele não cita, no entanto, nem Isaías nem Jeremias, nem Zacarias. É ainda este autor que, referindo-se ao sonho de Clitemnestra, fala da intercambialidade vara/serpente aludindo a outro episódio bíblico, quando a vara de Aarão transforma-se numa cobra, diante dos olhos do faraó.

25. A nota da Bíblia de Jerusalém é esclarecedora: "A palavra hebraica *matteh* significa ao mesmo tempo 'vara' e 'tribo'". (O termo português "ramo" exprime o mesmo simbolismo".)

Sobre ele repousará o espírito de Iahweh
espírito de sabedoria e de inteligência,
espírito de conselho e de fortaleza
espírito de conhecimento e de temor de Iahweh:
no temor de Iahweh estará a sua inspiração.
Ele não julgará segundo a aparência.
Ele não dará sentença apenas por ouvir dizer.
Antes, julgará os fracos com justiça,
com eqüidade pronunciará uma sentença em favor dos pobres da terra.
....

Então o lobo morará com o cordeiro,
e o leopardo se deitará com o cabrito

– texto que os exegetas interpretam como um poema messiânico, que define traços essenciais do Messias vindouro: ele é do tronco davídico, será cheio do espírito profético, fará reinar entre os homens a justiça, e reestabelecerá a paz paradisíaca.

O que concluir dessa instigante recorrência dos mesmos símbolos em textos de cepas culturais diferentes, de culturas tão distintas? Sobretudo quando se endossa, desde o início a tese de Dodds, da existência de arquétipos culturais, de sonhos típicos de uma determinada sociedade? No entanto, não será ainda o caso de se dar a mão à palmatória a Jung e seus arquétipos universais, respaldados na idéia de um inconsciente coletivo, para dar conta de simbolismos comuns a povos afastados e que não teriam tido um intercâmbio cultural intenso e comprovado.

Em primeiro lugar, porque o que subjaz a todo simbolismo é um processo de analogia (e/ou de alusão) – e, como seres humanos que somos, individualizados, é certo, mas carregando características comuns, que ultrapassam a diversidade de raças e culturas, etnias e civilizações, não escapamos às analogias mais inequívocas; temos um passado filogenético comum, o que nos propicia uma memória filogenética. Vico, no já referido tratado sobre a Ciência Nova, no século XVII[26], declara que nos primórdios da operação metafórica, o corpo

26. Vico, *op. cit.*

174   ADÉLIA BEZERRA DE MENESES

humano é o único grande referente (e é ele quem empresta características suas para, analogicamente, nomear os demais seres). Assim, mostra o caráter fundamentalmente orgânico da formação das imagens, e o processo pelo qual os homens emprestam às coisas a sua própria natureza, "mediante translações do corpo humano e das humanas paixões". E exemplifica desta maneira: cabeça é utilizada por princípio, ou por cimo, lábios por borda de um vaso, boca por toda e qualquer abertura etc. Assim, "o homem se faz regra do universo", e "a partir de si próprio erige um mundo inteiro". A metáfora, para Vico, dá "sentimento e paixão" às coisas todas, e aos elementos da natureza.

É esse o fundamento do processo da analogia. Falando de Hipócrates, quando o fundador da Medicina põe-se a discorrer sobre os sonhos e sua eventual significação, Dodds[27] refere

[...] as analogias mais ou menos fantasistas entre o mundo exterior e o corpo humano, macrocosmo e o microcosmo. Assim, a terra representa a carne do sonhador; um rio, o seu sangue, uma árvore, o seu sistema genital. "Uma árvore, o seu sistema genital", repita-se.

Em segundo lugar, apesar de não comprovado, o intercâmbio entre a Grécia e os judeus existiu na Antigüidade. Momigliano[28] fala que talvez o desconhecimento dos judeus por parte da Grécia se deva simplesmente ao fato de que Heródoto não esteve lá, Heródoto não registrou em sua História o testemunho da existência dos judeus... Só a partir da época helenística pode se dizer que esse conhecimento foi mútuo. Mas nossos textos são anteriores: datam em média do século V.

O pequeno povo judeu, muito menos importante economicamente no mundo antigo, não foi registrado pela cultura grega. Mas há, por parte dos judeus, conhecimento da Grécia – que na Bíblia aparece

27. Dodds, *op. cit.*
28. Arnaldo Momigliano, *Os Limites da Helenização – A Interação Cultural das Civilizações Grega, Romana, Cética, Judaica e Persa*, Rio de Janeiro, Zahar, 1975.

como Javã (a Jônia). O quadro das nações que aparece em Gênesis 10 – e que é datado, pelos historiadores, como sendo do século VII a.C., e onde se trata do mito do Dilúvio e do repovoamento da terra por parte de Noé – fala em Javã, e nos filhos de Javã, que designaria os gregos e, daí, os ocidentais em geral[29]. Há no poema messiânico de Zacarias (9, 9-13) uma alusão à Grécia:

> Exulta muito, filha de Sião!
> Grita de alegria, filha de Jerusalém!
> Eis que o teu rei vem a ti!
> . . . .
>
> Suscitarei os teus filhos, Sião,
> contra os filhos de Javã [...].

Como se vê, impõe-se aqui uma reflexão sobre a historicidade dos símbolos, e sobre a delicada questão da dialética entre arquétipos culturais *versus* símbolos universais.

---

29. Nota da Bíblia de Jerusalém (Zc 9, 13).

Título	As Portas do Sonho
Autora	Adélia Bezerra de Meneses
Projeto Gráfico	Ricardo Assis
Reproduções Fotográficas	Angela Garcia
Capa	Moema Cavalcanti
Editoração Eletrônica	Ricardo Assis
	Aline E. Sato
	Amanda E. de Almeida
Revisão	Maria Cristina Marques
Administração Editorial	Valéria C. Martins
Formato	16 x 23 cm
Tipologia	Aldus Roman
Papel	Cartão supremo 250 g/m² (capa)
	Couché fosco 120 g/m² (miolo)
Número de Páginas	184
Escaneamento de Imagens e Filmes	Binhos Fotolito
Impressão e Acabamento	Lis Gráfica